2013

天津市外汇管理年报

Tianjin Foreign Exchange Management Report

国家外汇管理局天津市分局

中国金融出版社
China Financial Publishing House

责任编辑：张翠华
责任校对：刘　明
责任印制：裴　刚

图书在版编目（CIP）数据

2013 天津市外汇管理年报（2013 Tianjinshi Waihui Guanli Nianbao）／国家外汇管理局天津市分局．—北京：中国金融出版社，2014.9
ISBN 978-7-5049-7647-5

Ⅰ．① 2⋯　Ⅱ．①国 ⋯　Ⅲ．①外汇管理—天津市—2013—年报
Ⅳ．① F832.6-54

中国版本图书馆 CIP 数据核字（2014）第 206979 号

出版
发行　中国金融出版社

社址　北京市丰台区益泽路 2 号
市场开发部　(010) 63266347，63805472，63439533　（传真）
网上书店　http://www.chinafph.com　(010) 63286832，63365686　（传真）
读者服务部　(010) 66070833，62568380
邮编　100071
经销　新华书店
印刷　天津市银博印刷技术有限公司
尺寸　210 毫米 ×285 毫米
印张　5.5
字数　96 千
版次　2014 年 9 月第 1 版
印次　2014 年 9 月第 1 次印刷
印数　1—1000
定价　60.00 元
ISBN 978-7-5049-7647-5/F.7207

目 录

一、天津市宏观经济形势

（一）经济平稳较快增长

2013 年，天津市实现地区生产总值 14 370.2 亿元，比上年增长 12.5%。三次产业保持增长，第一产业增加值 188.5 亿元，增长 3.7%；第二产业增加值 7 276.7 亿元，增长 12.7%，其中工业增加值 6 678.6 亿元，增长 12.8%；第三产业增加值 6 905.0 亿元，增长 12.5%，其中金融业增加值 1 202.0 亿元，增长 18.3%。三次产业结构为 1.3∶50.6∶48.1。

（二）消费价格指数上涨

2013 年，天津市居民消费价格指数同比上涨 3.1%，涨幅比上年提高 0.4 个百分点。八大类商品和服务价格指数呈现“七升一降”格局，其中食品类、居住类价格上涨较快，交通和通信类价格有所下降。生产价格指数同比下降，工业生产者出厂价格下降 3.0%，其中生产资料价格下降 3.5%，生活资料价格下降 1.1%；工业生产者购进价格下降 2.6%。

表 1–1　2013 年天津市与全国居民消费价格比上年涨跌幅度对比　单位：%

指　标		全　国	天津市
居民消费价格		2.6	3.1
其中：	食品	4.7	5.8
	烟酒及用品	0.3	0.9
	衣着	2.3	1.1
	家庭设备用品及维修服务	1.5	2.0
	医疗保健和个人用品	1.3	0.6
	交通和通信	−0.4	−1.4
	娱乐教育文化用品及服务	1.8	2.5
	居住	2.8	4.4

数据来源：《中华人民共和国 2013 年国民经济和社会发展统计公报》和《2013 年天津市国民经济和社会发展统计公报》。

（三）财政收入较快增长

2013 年，地方一般预算收入 2 078.3 亿元，增长 18.1%。地方税收收入 1 309.9 亿元，增长 18.5%。其中企业所得税 204.0 亿元，增长 8.7%；个人所得税 58.3 亿元，增长 17.6%。“营改增”改革试点范围进一步扩大，全市试点企业 5.3 万户，减负面达到 96%，全年减轻企业负担 34.7 亿元。全面落实小微企业减免税政策，惠及

13 万户企业。

（四）固定资产投资突破万亿

2013 年，天津市全社会固定资产投资 10 121.2 亿元，增长 14.1%。其中城镇投资 9 528.1 亿元，增长 14.2%；农村投资 593.1 亿元，增长 11.7%。民间投资增长强劲，全年民间投资 5 103.5 亿元，增长 23.5%，占全社会投资的 50.4%。房地产市场平稳发展，房地产开发投资 1 480.8 亿元，增长 17.5%；实现销售额 1 615.5 亿元，增长 18.3%。

（五）工业结构调整积极变化

2013 年，天津市八大优势产业①完成工业总产值 23 578.6 亿元，增长 12.7%，占规模以上工业企业的 89.3%。高新技术产业完成工业总产值 8 136.0 亿元，增长 16.5%，占规模以上工业的 30.8%。企业效益继续增长，规模以上工业企业完成主营业务收入 27 011.1 亿元，增长 13.1%；实现利税总额 3 170.1 亿元，增长 6.4%，其中利润 1 992.8 亿元，增长 2.2%。

（六）居民收入持续增长

2013 年，天津市社会从业人员 847.5 万人，比上年增加 44.3 万人。全年城市居民人均可支配收入 32 658 元，增长 10.2%，其中工资性收入增长 10.5%。农村居民人均可支配收入 15 405 元，增长 13.5%，高于城市居民人均可支配收入 3.3 个百分点，其中工资性收入增长 14.8%。社会消费品零售总额 4 470.4 亿元，增长 14.0%。

（七）涉外经济较快发展

2013 年，天津市外贸进出口总额 1 285.3 亿美元，增长 11.2%。其中进口 795.0 亿美元，增长 18.1%；出口 490.3 亿美元，增长 1.5%。机电和高新技术产品出口分别为 341.8 亿美元和 192.9 亿美元，分别占全市出口额的 69.7% 和 39.3%。新批外商投资企业 564 家，合同外资额 207.3 亿美元，增长 11.6%；实际直接利用外资 168.3 亿美元，增长 12.1%。

① 八大优势产业包括航空航天、石油化工、装备制造、电子信息、生物医药、新能源新材料、轻纺和国防等。

表 1–2　2013 年天津市与全国外贸进出口对比

	全　国		天津市		占比（%）
	金额（亿美元）	同比（%）	金额（亿美元）	同比（%）	
进出口	41 603.3	7.6	1 285.3	11.2	3.1
其中：出口	22 100.4	7.9	490.3	1.5	2.2
进口	19 502.9	7.3	795.0	18.1	4.1

数据来源：海关官方网站 http://www.customs.gov.cn 和《2013 年天津市国民经济和社会发展统计公报》。

（八）滨海新区带动作用加强

2013 年，滨海新区规模以上工业总产值 16 136.5 亿元，增长 13.2%；地方一般预算收入 878.9 亿元，增长 20.1%；全社会固定资产投资 5 036.7 亿元，增长 13.1%；社会消费品零售总额 1 192.1 亿元，增长 15.0%；实际直接利用外资 110.0 亿美元，增长 12.0%。综合配套改革进一步深化，建立了股权、碳排放、金融资产等创新型交易市场，成为全国非上市公司场外交易市场首批扩容试点区，船舶登记制度、国际航运税收、租赁业务和商业保理等改革措施先行先试。在特殊经济区域和航空航运产业发展的带动下，众多租赁、物流、航空制造企业落户滨海新区，融资租赁业务总量占全国的四分之一。

二、天津市宏观金融形势

2013 年，天津市金融业继续把握稳中求进的总基调，有效贯彻执行稳健的货币政策，充分发挥逆周期调节和推动结构调整的作用。结合地区发展实际，科学合理安排信贷投放的力度、节奏和重点，保持金融对地方经济支持的可持续性。截至 12 月末，全市本外币各项存款余额 23 317 亿元，同比增长 14.9%，比年初增加 2 977 亿元；各项贷款余额 20 858 亿元，同比增长 13.4%，比年初增加 2 427 亿元。

（一）人民币信贷情况

2013 年，全市金融机构人民币存款继续保持稳步增长，贷款增长放缓。年末，全市金融机构人民币各项存款余额 22 684.6 亿元，同比增长 15.3%，增幅高于全国平均水平 1.6 个百分点，全年新增存款 2 963.3 亿元，同比少增 466.4 亿元。单位和个人新增存款对存款增加的贡献度达到 95% 以上，2013 年新增单位存款 1 908.4 亿元，同比多增 475.9 亿元，增长 16.8%；新增个人存款 910.5 亿元，同比少增 79.8 亿元，增长 12.6%。

图 2–1

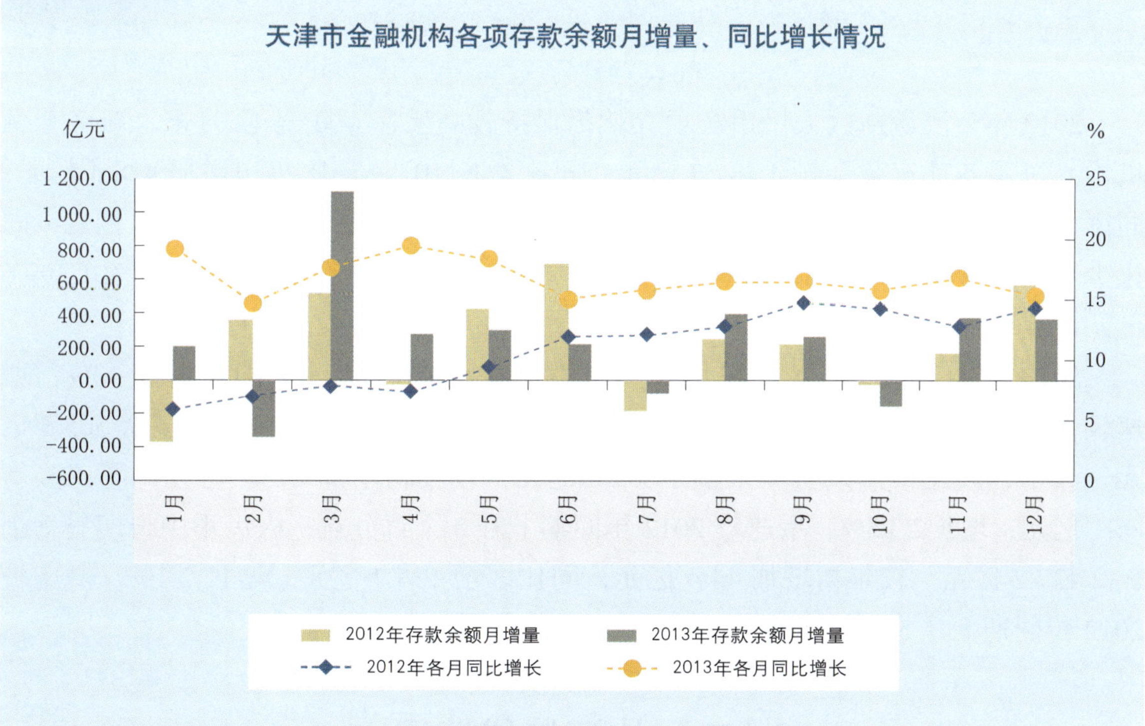

2013 年末，全市金融机构人民币各项贷款余额 19 453.3 亿元，同比增长 11.9%，全年新增贷款 2 027.7 亿元，增速比上年回落 2.2 个百分点，但高于全国平均水平 2.2 个百分点。短期贷款增幅高于中长期贷款增幅，2013 年短期贷款增加 831.4 亿

元，同比增长 18.5%，高于中长期贷款增幅 10.1 个百分点。

图 2-2

天津市金融机构各项贷款余额月增量、同比增长情况

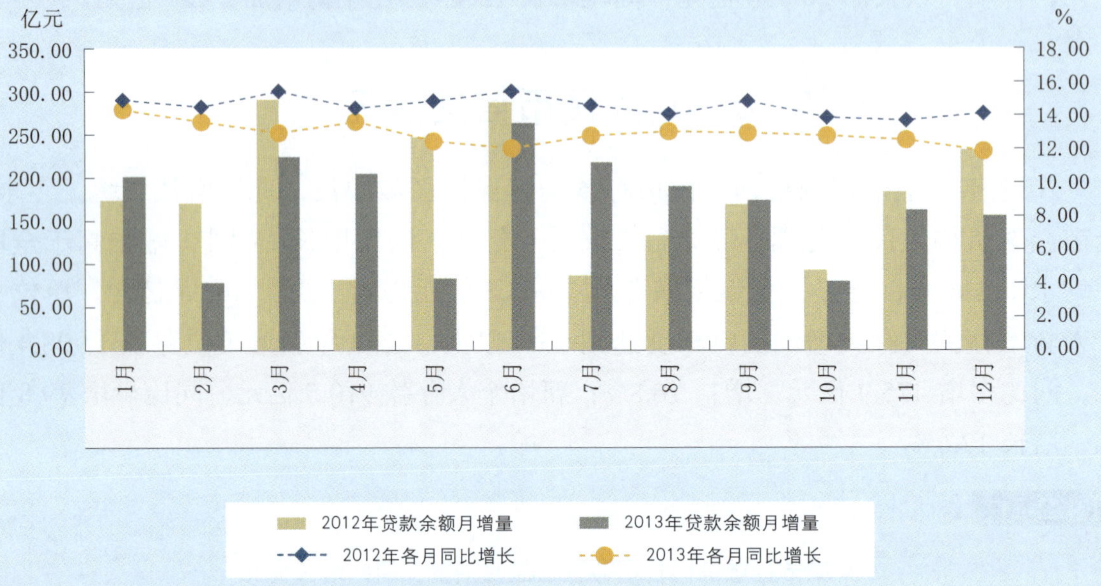

2013 年，滨海新区人民币各项存款仍保持较高增速。截至 12 月末，新区金融机构人民币各项存款余额 4 487.3 亿元，同比增长 10.9%，比年初增加 428.4 亿元，同比少增 43.6 亿元。其中，单位存款余额 3 177.3 亿元，较年初增加 318.6 亿元，同比少增 19.2 亿元，增长 11.6%，高出去年同期 0.2 个百分点；个人存款余额 1 399.6 亿元，较年初增加 146.9 亿元，增长 11.7%，较去年同期增长 1.2 个百分点。

2013 年末，滨海新区人民币各项贷款余额 5 986.5 亿元，同比增长 13%，增速较 2012 年同期上升 2.7 个百分点，全年新增贷款 674.2 亿元，同比多增 565.3 亿元。其中，人民币短期贷款余额 1 489.8 亿元，较年初增加 273.1 亿元，同比多增 86.1 亿元，增长 23.5%，增速较 2012 年同期上升 5 个百分点；人民币中长期贷款余额 2 437.2 亿元，较年初增加 44.4 亿元，同比多增 133.2 亿元，增长 2.1%，增速较 2012 年同期上升 5.6 个百分点。

（二）外汇信贷情况

2013 年，全市金融机构外汇存款增长趋缓，贷款增长显著。截至 12 月末，天津市金融机构外汇各项存款余额为 103.7 亿美元，同比增加 5.4%。比年初增加 5.2

图 2-3

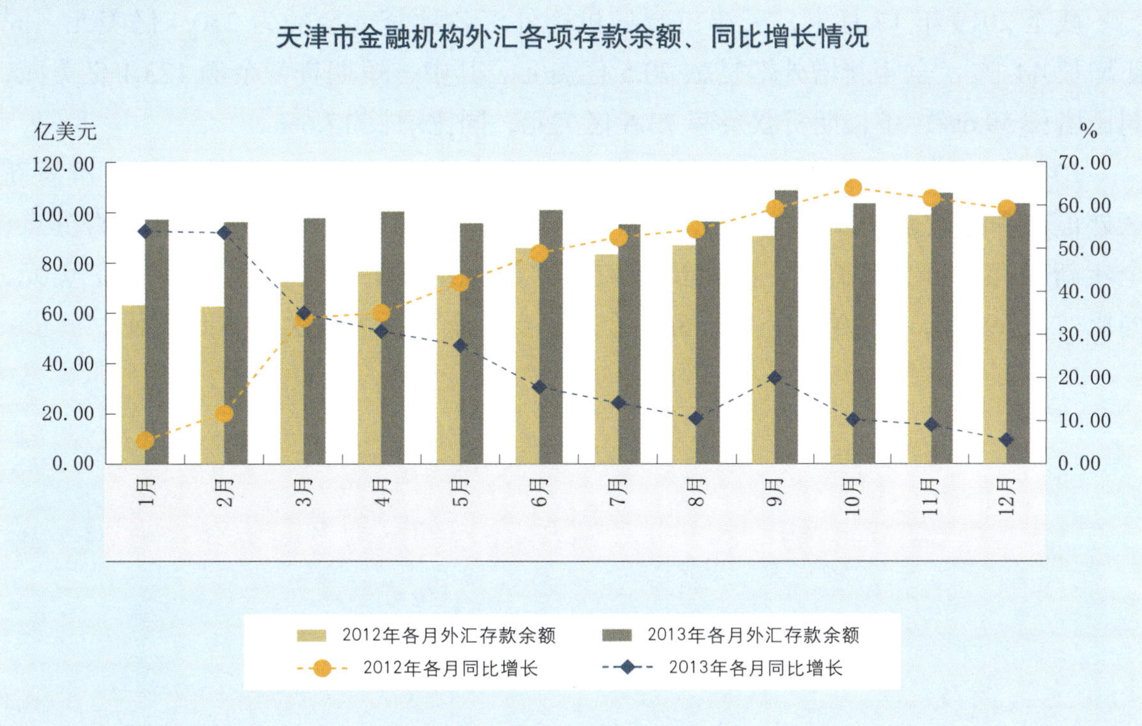
天津市金融机构外汇各项存款余额、同比增长情况
亿美元
%
120.00
100.00
80.00
60.00
40.00
20.00
0.00
70.00
60.00
50.00
40.00
30.00
20.00
10.00
0.00
1月
2月
3月
4月
5月
6月
7月
8月
9月
10月
11月
12月
2012年各月外汇存款余额
2013年各月外汇存款余额
2012年各月同比增长
2013年各月同比增长

图 2-4

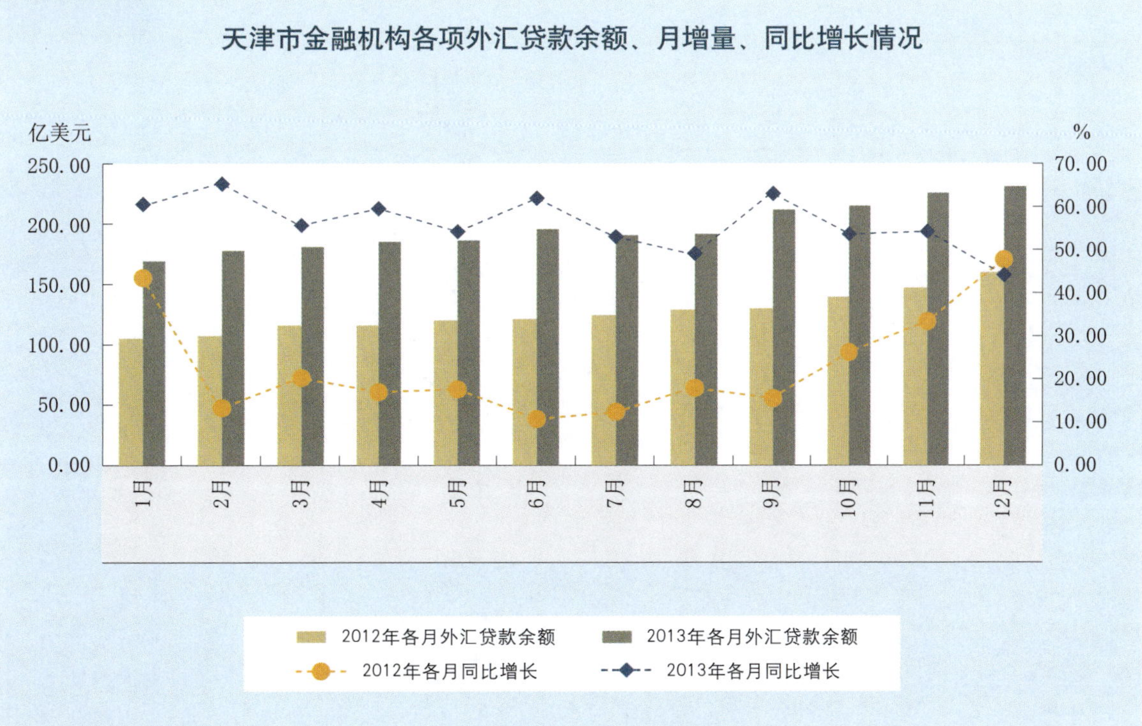
天津市金融机构各项外汇贷款余额、月增量、同比增长情况
亿美元
%
250.00
200.00
150.00
100.00
50.00
0.00
70.00
60.00
50.00
40.00
30.00
20.00
10.00
0.00
1月
2月
3月
4月
5月
6月
7月
8月
9月
10月
11月
12月
2012年各月外汇贷款余额
2013年各月外汇贷款余额
2012年各月同比增长
2013年各月同比增长

亿美元。新增单位存款占全部新增存款的 79.6%。

截至 2013 年 12 月末，天津市金融机构外汇各项贷款余额为 230.4 亿美元，同比增长 44.1%，全年新增外汇贷款 70.5 亿美元。其中，短期贷款余额 123.1 亿美元，同比增长 59.6%；中长期贷款余额 73.6 亿美元，同比增长 17.6%。

2013 年，滨海新区外汇存款增速放缓，贷款增长加速。截至 12 月末，滨海新区外汇各项存款余额 34.7 亿美元，同比增长 6.1%，较 2012 年放缓 69.6 个百分点，全年新增存款近 2 亿美元，同比少增 12.1 亿美元；外汇各项贷款余额 72 亿美元，同比增长 69.8%，较 2012 年上升 63.1 个百分点，全年新增贷款 29.6 亿美元。

三、天津市外汇形势

（一）天津市国际收支状况

1. 国际收支基本状况

2013 年，天津市跨境收支继续保持快速增长，收支逆差持续扩大。全年天津外汇收支总额 1 816.2 亿美元，同比增长 17.6%，其中，外汇收入 779.9 亿美元，同比增长 11.4%；外汇支出 1 036.3 亿美元，同比增长 20.6%，收支逆差 256.4 亿美元，同比增长 58.9%。滨海新区外汇收支总额 916.1 亿美元，同比增长 11.8%，占全市跨境收支总额的 50.4%。其中，外汇收入 314.1 亿美元，同比下降 1.4%；外汇支出 602.0 亿美元，同比增长 20.2%；收支逆差 287.9 亿美元，是全市收支逆差的 1.1 倍。

（1）经常账户逆差增长。2013 年，天津经常账户收入 677.0 亿美元，同比增长 9.1%；支出 990.3 亿美元，同比增长 19.8%；收支逆差 313.3 亿美元，逆差较上年增长 100.3 亿美元。

货物贸易逆差扩大。2013 年，天津货物贸易外汇收入 526.6 亿美元，同比下降 0.2%；外汇支出 691.9 亿美元，同比增长 2.2%，收支逆差 165.3 亿美元，同比增长 10.6%。2013 年，一般贸易收入 325.2 亿美元，支出 549.6 亿美元，收支逆差 224.4 亿美元，同比下降 5.7%；加工贸易收入 197.1 亿美元，支出 141.3 亿美元，收支顺差 55.7 亿美元。

服务贸易实现顺差。2013 年，天津服务贸易外汇收入 135.8 亿美元，同比增长 71.0%；外汇支出 135.0 亿美元，同比增长 51.7%；收支顺差 0.8 亿美元，上年为逆差 11.8 亿美元。服务贸易顺差主要发生在其他商业服务项下，全年其他商业服务顺差 32.0 亿美元。

收益逆差增长、经常转移顺差缩小。2013 年，天津收益项目收入 3.8 亿美元，同比增长 33.6%；支出 157.3 亿美元，同比增长 179.0%；收支逆差 153.5 亿美元，增长 100.3 亿美元。经常转移项下收入 10.8 亿美元，同比增长 1.0%；支出 6.1 亿美元，同比增长 37.7%；收支顺差 4.7 亿美元，缩小 1.5 亿美元。

（2）资本与金融账户持续顺差。2013 年，天津资本和金融账户外汇收入 102.9 亿美元，同比增长 29.2%；外汇支出 46.0 亿美元，同比增长 32.9%；收支顺差 56.9 亿美元。

直接投资顺差下降。2013 年，天津直接投资流入 69.4 亿美元，同比增长 7.4%；流出 35.3 亿美元，同比增长 29.8%；收支顺差 34.1 亿美元，减少 3.2 亿美元。

证券投资净流出剧增。2013 年，天津证券投资流入 965.0 万美元，同比下降 8.8%；流出 2 612.0 万美元，同比增长 9.2 倍；净流出 1 647.0 万美元，去年为净流入 724.9 万美元。

其他投资净流入猛增。2013 年，天津其他投资流入 33.4 亿美元，同比增长 125.8%；流出 10.4 亿美元，同比增长 50.4%；净流入 23.0 亿美元，较上年增长 15.6 亿美元。

2. 国际收支展望

受美国逐步退出量化宽松政策影响，短期内我国资金流动可能出现波动加剧情况，我国经济基本面依然向好，出口仍将大于进口，境内人民币利率仍将高于境外美元利率，预计人民币汇率仍将保持升势，在经济企稳、外贸改善、基础设施投资力度加大、改革红利预期等因素影响下，国内对国际资金的吸引力仍将持续增强，外汇资金仍将保持流入态势。

（二）人民币汇率走势和天津银行间外汇市场交易状况

1. 人民币汇率走势

（1）人民币汇率波幅扩大。中国外汇交易中心公布的人民币汇率中间价显示，2013 年人民币汇率波幅明显扩大，人民币对美元汇率中间价全年最高为 6.2898 元（2 月 7 日），最低为 6.0969 元（12 月 31 日），波幅为 1 929 个基点。在 238 个交易日中，人民币对美元加权价有 127 个交易日相对前一交易日升值，占全年交易日的

图 3-1

2013 年美元中间价走势图

53.6%；有 111 个交易日相对前一交易日贬值，占全年交易日的 46.4%。

（2）**人民币对美元汇率升值幅度加大**。2013 年末，人民币对美元汇率中间价为 6.0969 元，较 2012 年末上升 1 886 个基点，人民币对美元累计升值 3.0%。2013 年第一至第四季度人民币对美元汇率分别升值 0.3%、1.4%、0.5% 和 0.8%。

（3）**人民币对其他主要货币有升有贬**。2013 年，人民币对欧元汇率中间价期末收于欧元 /8.3484 人民币元（为直接标价法，下同），较 2012 年末贬值 0.4%；人民币对日元汇率中间价期末收于 100 日元 /5.7581 人民币元，较 2012 年末升值 21.2%；人民币对英镑汇率中间价期末收于英镑 /9.9773 人民币元，较 2012 年末升值 1.8%；人民币对港币汇率中间价期末收于港元 /0.7806 人民币元，较 2012 年末升值 3.7%；人民币对澳大利亚元汇率中间价期末收于澳大利亚元 /5.3970 人民币元，较 2012 年末升值 17.4%；人民币对加元汇率中间价期末收于加元 /5.7078 人民币元，较 2012 年末升值 9.7%；人民币对马来西亚林吉特汇率中间价期末收于人民币元 /0.5275 林吉特（为间接标价法，下同），较 2012 年末贬值 8.0%；人民币对俄罗斯卢布汇率中间价期末收于人民币元 /5.3874 卢布，较 2012 年末贬值 11.0%。

2.2013 年天津银行间外汇市场交易情况

图 3-2

图 3-3

2013 年港币中间价走势图
0.8150
0.8100
0.8050
0.8000
0.7950
0.7900
0.7850
0.7800
0.7750
0.7700
2013-01-04
2013-02-04
2013-03-04
2013-04-04
2013-05-04
2013-06-04
2013-07-04
2013-08-04
2013-09-04
2013-10-04
2013-11-04
2013-12-04

图 3-4

2013 年欧元中间价走势图
8.8000
8.6000
8.4000
8.2000
8.0000
7.8000
7.6000
7.4000
2013-01-04
2013-02-04
2013-03-04
2013-04-04
2013-05-04
2013-06-04
2013-07-04
2013-08-04
2013-09-04
2013-10-04
2013-11-04
2013-12-04

图 3-5

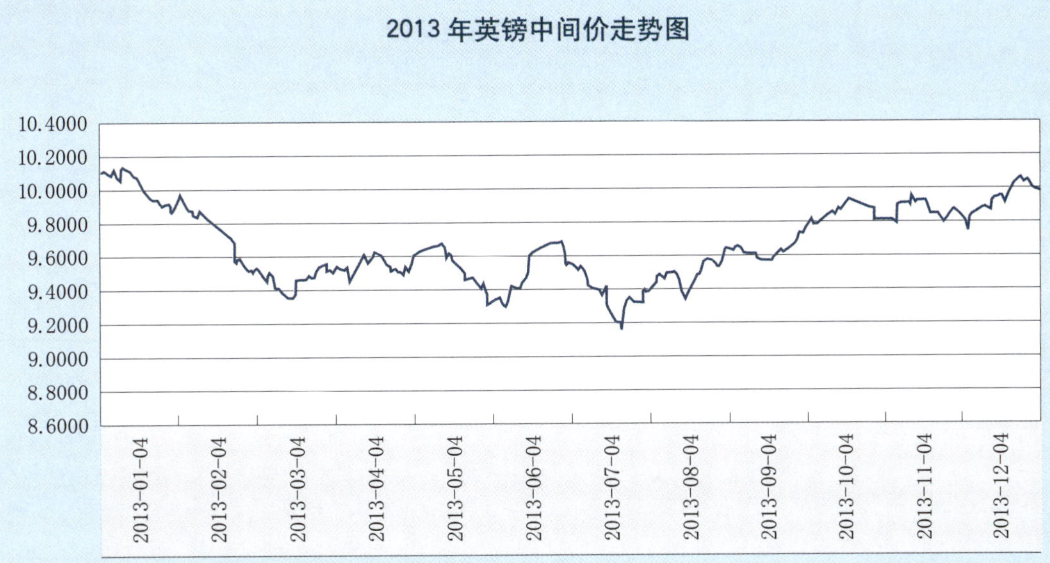
2013 年英镑中间价走势图
10.4000
10.2000
10.0000
9.8000
9.6000
9.4000
9.2000
9.0000
8.8000
8.6000
2013-01-04
2013-02-04
2013-03-04
2013-04-04
2013-05-04
2013-06-04
2013-07-04
2013-08-04
2013-09-04
2013-10-04
2013-11-04
2013-12-04

图 3-6

2013 年澳元中间价走势图
7.0000
6.6000
6.2000
5.8000
5.4000
5.0000
2013-01-04
2013-02-04
2013-03-04
2013-04-04
2013-05-04
2013-06-04
2013-07-04
2013-08-04
2013-09-04
2013-10-04
2013-11-04
2013-12-04

图 3-7

2013 年加元中间价走势图
6.6000
6.4000
6.2000
6.0000
5.8000
5.6000
5.4000
5.2000
2013-01-04
2013-02-04
2013-03-04
2013-04-04
2013-05-04
2013-06-04
2013-07-04
2013-08-04
2013-09-04
2013-10-04
2013-11-04
2013-12-04

图 3-8

2013 年林吉特中间价走势图
0.5500
0.5400
0.5300
0.5200
0.5100
0.5000
0.4900
0.4800
0.4700
2013-01-04
2013-02-04
2013-03-04
2013-04-04
2013-05-04
2013-06-04
2013-07-04
2013-08-04
2013-09-04
2013-10-04
2013-11-04
2013-12-04

图 3-9

（1）市场交易量大幅上升

外汇交易统计系统显示，2013 年天津银行间外汇市场交易总量为 124.9 亿美元，同比增长 44.0%。其中，即期市场询价交易量为 106.6 亿美元，市场占比为 85.4%，即期市场竞价无成交。即期市场买入量为 64.3 亿美元，上升 57.0%，市场占比 60.3%，即期市场卖出量为 42.3 亿美元，上升 25.3%；市场占比 39.7%。市场呈现求大于供状况。

（2）中资银行为银行间外汇市场交易主体

2013 年底，天津银行间外汇市场共有会员 6 家，其中中资银行 4 家，为渤海银行股份有限公司、天津银行股份有限公司、天津农村商业银行股份有限公司和天津滨海农村商业银行股份有限公司；外资银行 2 家，为企业银行（中国）有限公司、外换银行（中国）有限公司天津分行。2013 年，中资银行即期结售汇市场交易量为 64.7 亿美元（剔除外币对交易量，下同），上升 57.8%，市场占比 58.1%；外资银行即期结售汇市场交易量为 41.7 亿美元，上升 25.5%，市场占比 41.9%。

（3）远期外汇市场、外汇掉期市场业务量小

2013 年，天津银行间远期外汇市场交易金额 9.2 亿美元，成交 220 笔；外汇掉期市场交易金额 9.2 亿美元，成交 24 笔。

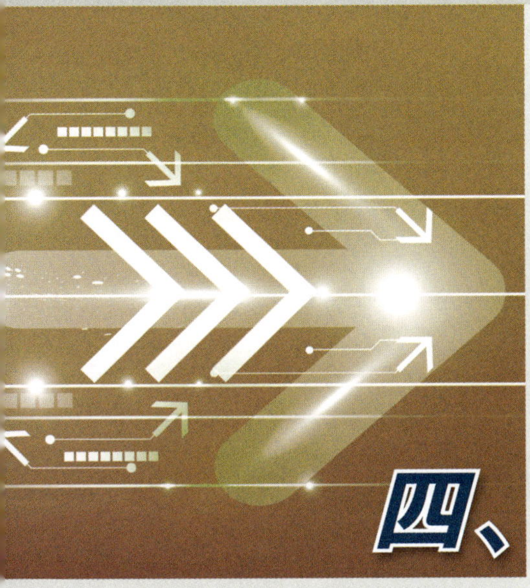

四、主要工作及创新试点

（一）外汇综合管理与服务

1. 不断提高对外开放服务水平。积极参加市政府对外开放服务月活动，围绕“提升开放环境，服务企业发展”的主题，以开放姿态促天津特色金融业务发展。一是为稳定天津市出口，天津市分局联合天津市商务委开展了全市千家中小型外贸企业货物贸易外汇管理政策培训，对7家出口百强企业开展了帮扶工作。二是积极向总局争取增加短债指标和融资性对外担保指标，支持融资租赁等重点行业做大做强，使本年度获得的两项指标分别较上年增长了25%和89%。三是会同市政府有关部门，建立了境外投资审批绿色通道机制，完成了对鼎晖公司境外投资6 500万美元参股双汇国际公司股权项目的审批登记工作，保证了项目的顺利实施，获得了市领导的表扬。四是推进股权投资基金试点工作。会同发改委、商务委、金融办等有关部门，开展了对股权投资企业及管理机构试点资格审查，推动了试点工作进一步开展。五是推动外商投资小额贷款公司外汇资本金结汇改革试点。简化小额贷款公司资本金结汇和贷款发放业务程序。六是通过分行外网发布境内直接投资、外债登记管理等政策措施，对境外上市、央企衍生品等政策开展“一对一”辅导，使政策及时送达市场主体。七是探索联合租赁（两家租赁公司共同出资购买同一架飞机资产，然后出租给一家航空公司，共同收取租约）外汇管理新模式，制定联合租赁操作流程，力图将办理方式常态化、规范化。

2. 认真做好金融机构执行外汇管理规定考核工作。按照《国家外汇管理局综合司关于印发〈银行执行外汇管理规定情况考核内容及评分标准（2013年）〉的通知》（汇综发〔2013〕21号）的要求，对辖内银行2013年度执行外汇管理规定情况进行了考核。参加此次考核的银行共计58家，全年累计发生国际收支业务80.9万笔，较上年增加2.3万笔。考核为A类银行12家，B类银行43家，C类银行3家，平均得分95.70分，表明银行执行外汇管理规定总体良好，被考核银行积极整改问题，进一步提高了外汇管理的有效性。配合中国人民银行天津分行“两综合、两管理”，逐一对58家银行执行外汇管理规定情况撰写评价意见，并形成报告上报其总行。

专栏一

2013年驻天津银行执行外汇管理规定考核情况

按照《国家外汇管理局综合司关于印发〈银行执行外汇管理规定情况考核内容及评分标准（2013年）〉的通知》（汇综发〔2013〕21号）的要求，天津市分局对辖内银行2013年度执行外汇管理规定情况进行了考核。参加本次考核的银行共计58家，其中政策性银行3家，全国性商业银行17家，外资银行24家（包括总行2家），其他类型银行14家（包括地方性法人机构3家）①。

一、银行考核总体情况

（一）**银行考核得分总体良好，外资银行考核好于中资银行**。辖内银行在2013年度执行外汇管理规定方面总体情况较好，平均得分保持较高水平，58家银行平均得分95.70分。最高得分出现在外资银行，为华一银行，得分98.75分；最低得分出现在全国性商业银行，为邮政储蓄银行天津分行，得分90.20分。从考核总体情况看，2013年度银行考核最高得分分别较上年提高0.10分，平均得分和最低得分分别较上年下降0.18分和2.29分。从不同类型银行看，外资银行平均得分最高，全国性商业银行和政策性银行次之，其他类型银行平均得分最低（见表C1-1）。

表C1-1　2013年驻天津各类银行执行外汇管理规定考核得分情况表

	最高分	最低分	平均分
银行汇总	98.75	90.20	95.70
其中：政策性银行	96.59	94.52	95.56
全国性商业银行	98.33	90.20	95.79
外资银行	98.75	91.71	95.90
其他类型银行	97.65	91.73	95.29

（二）**银行考核得分差距拉大，中高分数段银行有所增加**。2013年参加考核银行得分差距拉大，最高得分与最低得分差距8.55分，较上年扩大2.39分。与2012年考核得分分布比较，2013年考核得分在各分数段分布更为合理，得分位于中高分数段的银行比例有所增加（见表C1-2）。考核得分高于平均分的银行有32家，占比55.2%。中高分数段银行增加、多数银行考核得分高于平均分，说明银行合规经营意识不断增强，考核工作对激励银行认真贯彻实施外汇管理规定、依法合规经营、降低经营风险等方面取得良好效果。

（三）**外汇业务集中度较高，业务规模大银行考核情况较好**。辖内银行全年累计发生国际收支业务80.9万笔，外汇业务集中度较高，业务量排名前10位银行占全市外汇业务总量的79.3%，排名前20位银行占比93.6%。从银行业务规模看考核情况，业务量排名前10位银行考核平均得分96.21分，业务

① 其他类型银行指除本表所列前三类银行之外的银行，包括城市商业银行、农村商业银行和农村合作金融机构等，以下同。

量排名前20位银行考核平均得分96.11分，分别高于辖内银行平均得分0.51分和0.41分；而业务量排名后10位银行考核平均得分94.34分，低于辖内银行平均得分1.36分。业务规模较大银行考核情况良好，反映辖内外汇业务水平总体较高。

表C1–2 2012年和2013年银行考核得分分布情况比较

得分区间	2013年考核得分分布		2012年考核得分分布	
	家数（家）	占比（%）	家数（家）	占比（%）
高分数区间（97，99）	14	24.1	13	22.8
中间分数区间（95，97）	29	50.0	28	49.1
较低分数区间（93，95）	11	19.0	15	26.3
低分数区间（90，93）	4	6.9	1	1.8

二、具体项目考核情况①

（一）业务合规扣分占比较小，扣分集中在货物贸易外汇收支业务合规性等方面。2013年，业务合规未扣分银行共有44家，占参加考核银行的75.9%，说明多数银行做到外汇业务合规经营。业务合规扣分合计为12.34分，占总扣分的3.0%，扣分占比较上年下降2.4个百分点。该项扣分主要集中在经常项目业务，扣分合计11.14分，较上年提高9.64分，占业务合规扣分的90.3%。其中未按规定为B、C类企业办理货物贸易外汇业务登记手续扣8分，为不在名录企业办理货物贸易收付汇扣2分，办理个人、服务贸易、经常转移、收益外汇业务不合规扣分1.14分。国际收支业务不合规扣分合计0.80分，主要为银行分支机构经营结售汇业务地址等信息变更备案不及时。资本项目业务不合规扣分合计0.40分，主要为直接投资项下资金账户收支数据备案不准确、不及时。

（二）数据质量为主要扣分项目，扣分集中在国际收支申报和结售汇等方面。2013年，数据质量未扣分银行只有3家，分别为渤海银行、华一银行和巴黎银行，占参加考核银行的5.2%，银行报送数据质量有待提高。该项扣分合计为189.53分，占总扣分的45.8%，扣分占比较上年提高6.4个百分点。该项扣分主要集中在国际收支业务，扣分合计167.85分，较上年提高29.21分，

① 在具体项目考核情况分析中，扣分计算按照原始分数进行，未进行系数调整。

占数据质量扣分的88.6%。其中国际收支统计间接申报和银行结售汇统计数据准确性、及时性、完整性分别扣141.25分和26.6分。经常项目业务数据质量扣分合计19.78分，主要为银行录入报送个人数据、外汇账户系统数据、服务贸易统计报表和保税监管区域数据不准确、不及时等。资本项目业务数据质量扣分合计1.90分，主要为国内外汇贷款、外债等报表迟报、漏报、错报。

（三）内控制度考核力度加大，对银行考核区分度增强。2013年，天津市分局加强对辖内银行内控制度考核，从银行内控制度建设、政策贯彻落实、日常考核表现、参加试点工作、外汇信息调研参与配合情况以及是否接受外汇检查处罚等方面进行综合考核，参加考核银行在内控制度方面均有扣分。该项扣分合计为198.50分，占总扣分的48.0%，扣分占比较上年下降2.8个百分点。各家银行内控制度最高扣5.58分，最低扣0.15分，对银行最终得分和排名影响较大，得分排名前10位银行该项扣分平均为1.78分，排名后10位银行该项扣分平均为3.37分。

（四）法人银行总行单独考核指标情况较好，中资银行风险性指标不理想。2013年，天津辖内共有5家银行[①]参加总行单独考核指标和风险性指标考核。法人银行总行单独考核指标表现较好，该项扣分合计为1.60分，占总扣分的0.4%，扣分占比较上年提高0.1个百分点，问题为迟报结售汇综合头寸报表、银行登记外债数据不准确等。法人银行风险性考核指标扣分合计为11.57分，占总扣分的2.8%，扣分占比较上年下降1.3个百分点。其中"外汇贷存比"扣4.97分[②]，"结售汇差额变动率"扣4分[③]，"贸易融资风险度"扣2.60分[④]。风险性指标成为左右法人银行最终得分排名的重要因素，如天津农商行和天津滨海农商行考核得分位于地方性银行中倒数第3位和第4位，主要受风险性指标考核较差影响。

三、银行考核评级情况

（一）考核评级以得分为基础，并综合考虑银行类别、业务规模以及违规

① 5家银行分别为天津银行、天津农商行、天津滨海农商行3家地方性法人机构，以及企业银行和外换银行2家外资银行总行。

② 3家银行未将外汇贷存比控制在规定比例以内，分别为天津银行、天津农商行和天津滨海农商行。

③ 2家银行结售汇差额变动率高于全国平均水平，分别为天津银行和天津农商行。

④ 4家银行未将90天以下远期信用证及海外代付占比控制在全国平均水平以内，分别为天津银行、天津农商行、企业银行和外换银行。

受处罚等情况。按照总局对A、B、C类银行占比20%、75%、5%的要求，辖内58家参加考核的银行A、B、C类评级分别为12家、43家和3家。考核评级主要以得分为基础，并综合考虑了银行类别、业务规模（以国际收支业务量为指标）、参与试点以及违规受处罚等情况。评级为A的银行有全国性银行8家，外资银行2家，其他类型银行2家。评级为C的银行为按照银行分类考核得分最低的3家，其中全国性银行、外资银行和其他类型银行各1家，其余评级为B（见表C1-3和表C1-4）。

表C1-3　2013年驻天津银行执行外汇管理规定和考核评级情况[①]

	全国性银行	外资银行	其他类型银行
A类	渤海银行（分行） 浙商银行 交通银行 招商银行 农业银行 工商银行 平安银行	外换银行（总行）* 企业银行（总行）* 汇丰银行	威海银行 天津银行（天津地区）
B类	国家开发银行 浦发银行 光大银行 兴业银行 进出口银行 民生银行 中信银行 建设银行 华夏银行 农业发展银行 广发银行 中国银行	华一银行 外换银行（分行） 三菱东京日联银行 企业银行（分行） 法国兴业银行 渣打银行 瑞穗银行 华侨银行 巴黎银行 东亚银行 友利银行 恒生银行 花旗银行 星展银行 新韩银行 摩根大通银行 三井住友银行 德意志银行 东方汇理银行 德商银行	北京银行 上海银行 大连银行 滨海农商行（总行）* 盛京银行 宁夏银行 锦州银行 哈尔滨银行 天津银行（总行）* 天津农商行（总行）* 齐鲁银行
C类	中国邮政储蓄银行	大华银行	河北银行

① 带*银行为法人单位在天津的银行，其考核成绩为总行考核成绩，即全国范围内该行所有参加本次考核银行（包括总行和分支机构）的加权得分，考核还涵盖风险性考核指标和总行单独考核指标。不带*银行考核成绩为天津分行考核成绩，考核仅涵盖合规性考核指标。

表 C1–4　2013 年驻天津银行执行外汇管理规定和考核评级分布情况

	A 类银行		B 类银行		C 类银行	
	数量（家）	占比（%）	数量（家）	占比（%）	数量（家）	占比（%）
银行汇总	12	20.6	43	74.1	3	5.1
其中：政策性银行	0	0	3	5.1	0	0
全国性商业银行	7	12.1	9	15.5	1	1.7
外资银行	3	5.1	20	34.5	1	1.7
其他类型银行	2	3.4	11	19.0	1	1.7

（二）中资全国性银行考核得分排名位于中上水平，多数银行位次区间变化不大。从考核排名区间分布来看，2013 年中资全国性银行考核情况较好，仅有 4 家位于考核排名后 20 位，多数银行居于中上游水平。有 6 家中资全国性银行位于考核排名前 20 位，其中 4 家上年得分排名也位于前 20 位，排名后 20 位的中资全国性银行中有 3 家与上年相同，说明多数银行所处位次区间变化不大（见表 C1–5）。

表 C1–5　2013 年中资全国性银行考核得分排名前 20 位和后 20 位情况

	银行名称
排名前 20 位	**渤海银行（分行）**、**浙商银行**、**交通银行**、**招商银行**、农业银行、工商银行
排名后 20 位	**华夏银行**、**中国银行**、**邮政储蓄银行**、广发银行

注：与 2012 年位次区间相同的银行用加粗格式表示。

（三）外资银行考核得分排名显著提升，其他类型银行排名居后。2013 年外资银行考核排名提升较快，有 6 家外资银行①位于考核排名前 10 位，有 7 家位于考核排名提升前 10 位（见表 C1–6）。尤其是 2 家外资法人银行，不仅考核得分进入辖内排名前 10 位，且排名位次提升最快。外资法人银行考核进步较快主要原因为：一是业务合规性和数据质量均有显著提高；二是重视总局政策引导，风险性考核指标完成情况较好，得到加分②。其他类型银行考核情况较差，仅 1 家银行位于考核排名前 10 位，有 4 家银行位于考核排名前 20 位，多数排名居于中下游水平，自身素质有待提高。

① 分别是华一、外换总行、汇丰、外换分行、三菱东京日联和企业总行。

② 企业银行和外换银行风险性考核指标分别为 10.37 分和 10.07 分（该项满分为 10 分），加分原因均为结售汇差额增长速度低于全国平均水平。

表 C1-6　2013 年辖内银行考核得分排名提升前 10 位情况

	银行类型	2013 年排名	2012 年排名	提升位次
外换银行（总行）	外资	4	52	48
企业银行（总行）	外资	10	54	44
渣打银行	外资	18	55	37
天津滨海农商行 *	地方性	24	57	33
企业银行（分行）	外资	11	40	29
外换银行（分行）	外资	7	35	28
大连银行	地方性	19	44	25
瑞穗银行	外资	21	43	22
工商银行	全国性	17	34	17
花旗银行	外资	39	56	17

注：* 含义同表 C1-3。

四、考核中发现的问题及政策建议

银行考核办法经多次修订，在考核指标设置、分值分布、调整系数以及系统操作等方面都有了较大改进，不仅提高了考核工作的公平性、操作性和政策导向性，而且丰富了外汇局的考核手段，有利于敦促银行健全内控管理和业务操作流程，外汇管理的有效性得到进一步提高。但随着外汇管理改革深入以及外汇政策调整，考核评分标准有待进一步完善。

（一）因政策变化需调整的考核内容。一是经常项目考核中有的业务没有对应的考核指标，如未对“用户办理个人电子银行结售汇业务”作出考核规定，建议在“银行办理个人业务的合规性”中，增加该项考核指标。二是资本项目考核中因政策调整，部分考核指标标准已失效或需要完善（见表 C1-7 和表 C1-8）。

表 C1-7　原考核指标“详细标准”因业务取消或业务权限下放造成失效的项目

项目	细目	考核指标	详细标准
业务合规	资本项目	直接投资项下资金账户收支	第 5 项失效
		外债账户开立和变更	第 1 项和第 2 项失效
		外债账户收支	第 3 项和第 5 项失效
		居民个人资本项下账户开立、外汇收支及结售汇	第 1 项失效

表 C1-8　原考核指标"详细标准"因政策调整描述不准确的项目

项目	细目	考核指标	详细标准	备注
业务合规	资本项目	直接投资项下资金账户收支	第 6 项和第 7 项	改革后，资本项目信息系统上线，银行无须向系统进行数据备案，"备案"说法不准确。
		境外投资	第 4 项、第 5 项和第 6 项	
		外债账户收支	第 1 项	改革后一笔外债最多可开立两个外债专用账户。

（二）考核指标有待完善的内容。一是国际收支统计申报项下"错误删除申报单"，考核软件扣分标准与文件标准不统一，需考核人员进行人工换算调整，建议对考核系统错误设置参数进行调整。二是"事后核查中发现的结售汇统计错、漏报，每次扣 0.05~0.1 分"，对于出现 1 笔错误但金额较大、对数据质量造成严重影响的银行，扣分值略低。建议将扣分区间扩大至 0.05~0.5 分，便于有效区分银行出现错误的程度。三是非银行金融机构直接申报业务未纳入考核。目前仅对地方法人银行开展直接申报业务考核，未将非银行金融机构如证券、保险、财务公司、金融租赁公司等纳入考核。建议加强对非银行金融机构的监督约束，将非银行金融机构纳入考核。

（三）增加加分项对银行形成正向激励。伴随外汇管理改革不断深入，外汇管理也逐步从事前监管向事后监管转变，监测分析工作作用日益凸显。为及时掌握外汇形势变化和市场走向，需要银行配合开展信息反馈和调研工作，建议增设加分项，如金融机构积极参与外汇局试点工作、金融机构发现并上报新情况新线索等，以不断提高银行配合的积极性。

（四）增加考核系统统计分析功能。目前考核事件查询仅通过列表形式逐条显现，缺少汇总功能，需要考核人员将考核事件导出后手工汇总，便利度和分析功能不足。建议增加统计分析功能模块，便于考核人员分析被考核银行执行外汇管理情况。

3. 加强与政府、银企等部门的信息沟通和政策宣传。一是围绕外汇管理重点工作，进一步发挥《天津涉外经济信息》和《天津外汇工作简报》宣传平台作用，及时把外汇形势和天津市分局所做工作向政府通报。全年共向市领导及相关部门报送《天津涉外经济信息》4 期，报送《天津外汇工作简报》11 期，被市政府主要领导批示 5 篇，成为市政府和有关部门了解外汇工作的窗口。二是组织编写了《2012 年天津市分局外汇管理年报》和《2010—2013年天津市分局调研文集》，全面反映天津外汇管理、试点工作、外汇创新、金融机构考核、重要外汇数据及天津外汇市场运行情况，并将社会关心的问题进行专栏分析，提高了外汇管理的透明度和公信力，得到了社会的广泛好评。三是加大舆情监测和政策宣传，依托人民银行网站和外汇局互联网进行外汇政策宣传，回应社会关切问题。四是为便利银行反馈外汇政策执行情况，建立了重点外汇指定银行联络员制度，到外汇指定银行进行政策宣传培训，加强了政策沟通和银行对外汇工作的理解，政策反馈及信息传导机制进一步制度化。五是为推进对外汇指定银行政策宣传的常态化，检验外汇知识普及效果，天津市分局在2012年自主研发“外汇从业人员在线学习考试系统”的基础上，2013年将考试系统在全市推广，制定了《在线学习考试系统管理办法》、《考试题库维护管理办法》等制度，组织了全市56家外汇指定银行的近900名外汇从业人员参加考试，并将考试结果对全市银行进行了通报，得到了银行的一致认可，取得了较好的社会效益。

4．围绕改革创新做好信息调研。一是认真组织撰写区域外汇收支运行报告，按照总局要求及早布置、从严要求，多次组织外汇各处参写人员统一思想，进行写作培训，及时、完整、全面地反映天津地区实际和外汇工作特色。结合总局对进一步做好区域外汇收支运行报告的撰写征求意见函，提出了完善报告撰写的意见建议，得到总局采纳。二是结合上海自贸区批复和天津滨海新区实际，完成总局2013年度重点调研课题《特殊经济区域与自由贸易实验区发展研究》，并获总局重点调研课题优秀奖。三是紧密贴近实际，建立对银行调查问卷制度和对企业走访制度，不断提高上报信息的政策建议水平。围绕货物贸易改革、服务贸易改革、资本项目信息系统整合及汇率变化等及时向总局反馈信息，全年共编报《天津市分局上报信息》147篇，被总局采用30篇，上报《防范异常外汇资金流入工作简报》10期，被总局采用5期。

5．加强内控制度等基础工作建设。一是对照总局规定的十二项内控制度认真开展分局自查，针对外汇政策密集出台，及时修订完善和重新制订了规章制度58个，保证了内控制度对重大改革的及时跟进，并将电子版和纸质文件上报总局内审司。二是公开透明依法行政，将分局现行有效规范性文件目录在天津市政府信息网、天津市政府信息查阅中心、天津市档案馆、天津图书馆等公众传媒公开，并在分行大厅进行公布。三是制定了分局执法证管理实施细则，组织人员参加总局业务培训，提高了执法证管理的严肃性。四是整合内部力量，认真进行了总局在分局试点的货物贸易改革绩效审计，积极参加了总局前期对福建分局的内审抽调，并将抽调中学到的好经验运用于对塘沽中心支局的绩效审计上，取得了良好的审计效果。五是加强科技支撑和系统运维，确保分局18个业务系统全年安全运行无事故，加强金融机构代码标准化管理，做好银行间外汇市场会员网络中继站管理。六是严格外汇专项资金管理，重新修订了《国家外汇管理局天津市分局专项经费管理实施细则》，细则修订严格按照财权与事权相分离原则，使分局专项资金管理更加符合财经政策和总行、总局制度法规，保证了资金合规使用。

（二）国际收支统计与监测

1. 积极推动国际收支网上申报工作。在总结上一年经验的基础上，通过召开座谈会、推广网上申报经验、加大宣传力度、加强走访约谈、及时跟进提示等措施，提高网上申报覆盖率。全市平均网上申报率74.8%，较上年提高了27个百分点，国际收支申报无纸化措施惠及全市近万家企业。

专栏二

天津市国际收支网上申报推广工作取得显著进展

自国际收支统计金宏系统上线以来，国际收支网上申报工作也被提上日程。为此，天津市分局投入大量人力物力，加强网上申报推动，并注意收集、解决问题。2013年，国际收支网上申报工作在全市范围内得到进一步推广普及，全市网上申报率74.8%，较2012年网上申报率提高了27个百分点，网上申报推广工作取得显著成效。

一、网上申报推广意义

（一）国际收支网上申报，有利于强化申报主体自主申报意识，纠正企业过度依赖银行办理国际收支申报的错误做法。

（二）减少申报主体填制纸质凭证的烦琐程序，节省企业人员往返银行柜台的时间，提高企业运营效率。

（三）减轻银行柜台人员的工作负担，提高审核效率。

（四）明晰企业申报主体和银行各自的职责，减少错报、迟报和漏报所带来的责任纠纷。

（五）方便企业在最短时间内获知款项到账信息，有利于企业加强财务管理。

二、推广网上申报业务的主要措施

（一）抓好组织动员，有序推进全市网上申报普及工作。制定了《国家外汇管理局天津市分局开展企业涉外收入网上申报工作推广实施方案》，明确网上申报目标、实施步骤、阶段性工作规划及相关要求，先后多次召开网上申报工作推动会议，开展先进银行经验交流。

（二）认真搞好培训，夯实网上申报业务基础。在开展大范围网上申报业务培训基础上，开展银行和企业专题业务讲座，系统介绍工作原理、操作流程、网上申报案例和注意事项，收到了较好效果。

（三）加强宣传引导，积极营造网上申报工作良好氛围。编写了《国际收支网上申报业务操作手册》，加强网上申报业务宣传指导，提高网上申报业务社会影响力，使全市形成一种推网上申报、用网上申报的良好环境氛围。

（四）及时跟进调查，确保网上申报工作有序开展。定期下发网上申报业务推广情况调查表，随时掌握全市网上申报工作进展情况，并结合现场检查、实地走访等形式，加强督促和引导。

（五）主动约见银行，通过“走出去”与“请进来”相结合方式把握网上申报工作主动权。与部分银行进行面对面沟通，倾听银行反馈意见，总结经验，分析差距，确保网上申报工作无死角。

2. 完善国际收支数据核查管理。认真执行《国际收支统计间接申报非现场核查操作规程》和“按月考核、按季通报”制度，将按旬非现场核查和按月现场核查结合开展，国际收支数据质量进一步提高，全年非现场核查申报数据 79 万笔，差错率 0.6%，比上年下降 0.1 个百分点。完成了对 10 家银行、1 家企业和 1 家特许机构的现场核查，对 1 家银行核查问题进行了移交。

3. 加强结售汇业务监管与服务。做好结售汇审批备案管理，对 1994 年以来全市 50 多家外汇指定银行近 2 000 家网点结售汇业务资质情况进行核对清理，进一步规范结售汇市场准入管理。认真贯彻总局“控流入”政策，及时反馈政策效应，做好头寸限额调整和日常监测。支持天津信唐货币经纪有限责任公司开展人民币对外汇衍生品经纪业务，外汇市场功能进一步完善。

专栏三

天津市银行结售汇资质清理工作取得较好效果

为全面梳理银行网点结售汇资质情况，进一步完善银行结售汇管理，规范审批、备案流程，2013年天津市分局对1994年以来全市银行结售汇准入和退出、信息变更、外汇衍生品资格申请等情况进行了全面清理。

一、银行结售汇资质清理背景

结售汇业务始于1994年，当时由人民银行天津市分行外汇管理处负责银行结售汇业务的准入和退出管理。1998年12月，人民银行天津分行成立，该业务由银行管理一处、银行管理二处、农村金融处分别管理。2001年，该业务由国际收支处与各银行管理处（先后有8个处）共同负责，即国际收支处审核银行资质申请，各银行管理处负责发证并保留审批档案。2003年银监局成立后，该业务交由国际收支处管理。

自结售汇业务开展以来，经由多个部门管理，人员更换多次，且档案交接程序不规范，造成部分档案丢失或材料不全。同时，各银行也有因人员及机构变更造成自身保留的部分档案丢失或材料不全的情况，给结售汇准入工作带来较大困难。银行结售汇家底不清、情况不明问题突出，为彻底解决这一问题，2013年，天津市分局下大力气对近20年历史档案进行清理，以期摸清全市银行结售汇业务资质的底数，为今后规范结售汇市场准入工作打下良好基础。

二、清理工作的主要做法

本次清理以银行自查和外汇局核对相结合的方式开展。前期选取工行天津分行作为试点开展网点清理，在全面总结试点工作经验的基础上，制订了清理方案，对全市外汇指定银行网点清理内容、工作进度、业务流程进行了明确规定。一是在2013年初召开的国际收支工作会议上，向全市银行布置了银行结售汇资质清理工作。二是以局发文《关于开展外汇指定银行结售汇业务准入清理工作的通知》（津汇发〔2013〕38号）形式通知银行，明确提出清理的意义、内容、方法和要求。三是抽出专人指导辖内银行做好网点资质自查工作，将银行自查的分支机构情况（包括名称、地址、金融许可证编码、金融机构标识码、备案及变更时间等信息）与分局结售汇业务系统进行比对。四是与银行留存纸质档案核对，进一步分类整理出尚无结售汇资格分支机构表、正确信息表、错误信息表等情况。五是要求银行按时上报网点清理情况表和自查报告，并在此基础上对银行核查报送网点材料与外汇局留存档案进行逐一比对，重点核查申请时间早、历史档案不完整和变更备案不及时的情况。

三、清理工作取得的成效

截至 2012 年底，共清理全市银行分支机构 2 110 家，其中具备即期、远期、掉期、期权结售汇资格的银行分支机构分别有 1 441 家、264 家、155 家和 139 家。对于清理核查发现的问题，按照"简政放权"、放开市场准入和总局"五个转变"的总思路，为进一步便利天津投资贸易便利化，促进天津北方经济中心和涉外经济发展，经集体审议和报请局领导批准，均作出了妥善处理，为今后银行结售汇业务准入工作的有序开展奠定了较好基础。

4. 深化个人本外币兑换特许业务试点。认真做好日常特许业务的审批与管理，积极培育特许经营主体。举办天津市特许业务创新工作研讨会，与总局和特许机构探讨推动特许业务发展创新，提升特许行业服务水平。及时了解特许业务经营情况和业务难点，积极研究特许业务创新模式、切入点、实施方案和管理办法，向总局争取"旅行支票代售"、"线上预定，线下提取"、"跨境调运外币现钞"等业务创新试点政策，推动创新业务的成功开展。

专栏四

天津市个人本外币兑换特许业务试点工作稳步推进

2013 年，天津市分局紧密围绕全市金融改革发展创新总体思路，进一步转变外汇管理理念，不断推进特许业务行业发展，努力提升全市金融服务水平。

（一）特许机构不断丰富。2013 年，在原有 3 家特许机构基础上，又新批吉迈斯（天津）货币兑换有限公司经营特许业务。上述机构在天津已设立 8 家网点，全年外币兑换 5 958 笔、990.6 万美元。

（二）业务品种不断增加。2013 年，新批渤海通汇外币电子旅行支票代售业务资格，进一步扩大了其经营品种。目前该公司已销售电子旅行支票 373 万元。

（三）业务经营不断向纵深发展。积极研究特许机构参与跨境调运外币现钞可行性，设计的管理方案成为总局管理方案模板，为推动特许机构参与开展跨境调运外币现钞业务发挥了积极作用。

（四）业务模式日益网络化。2013 年，研究的渤海通汇"线上预订、线下提取”业务创新取得实质进展，利用互联网及第三方支付优势，突破地域、结算刷卡、网点设置等政策限制，提升可持续发展能力。

5. 深入开展调查分析协作与专题调研。制订《外汇形势监测分析协作方案》，进一步整合分局、支局和银行监测分析力量，全面提高监测分析水平。加强与银行、企业的沟通，采取请进来、走出去的方式，多次召开银行、企业专题培训及座谈会，及时了解市场信息，并向银行传达风险提示、情况通报、政策解读等政策导向，加强与银行信息共享。积极开展国内外宏观形势分析、跨境资金舆情监测、企业调查监测、产业监测等多项监测分析，加大重点课题研究力度。上报的调研报告《跨境调运外币现钞管理政策亟需调整完善》，推动了总局将特许机构纳入调运外币现钞进出境管理，促进特许业务民族品牌发展壮大，为提升天津金融服务水平和全国辐射影响力起到了积极作用。

专栏五

外币现钞兑换市场供应不足

近期，天津市分局采取实地走访和问卷调查相结合的方式，对全市38家外币现钞兑换银行及3家外币兑换特许机构（以下简称“特许机构”）进行了调查。

一、现状

（一）买卖缺口大。2012年，天津市银行及特许机构现钞买入1.86亿美元，卖出3.76亿美元，现钞缺口1.9亿美元；2013年1～9月，现钞买入0.96亿美元，卖出2.48亿美元，现钞缺口达1.52亿美元。

（二）币种不全。中国银行天津市分行经营币种最多，挂牌经营18种外币，另有8家银行挂牌经营7～9种外币，其余银行仅经营1～2种外币。银行及特许机构实际常备的兑换币种主要有美元、日元、港元、欧元和英镑，由于供应短缺原因，有8～9种挂牌币种，如泰铢、新台币等经常缺货，基本处于有牌无市状态，小面值现钞缺货。银行主要针对美元、日元、港元、欧元、英镑等的大面值现钞备货，小面值现钞满足率不足一成。

（三）备货周期长。美元、日元、欧元、港元的大额外钞（等值5万美元以上）备货周期为1～5天，加元、澳元、新加坡元等需7天以上。

二、原因

（一）**跨境调运外币现钞成本高**。跨境调钞是外币现钞来源的主渠道，但银行经营外钞进出口，除支付运输、保险和手续费外，还需承担在途资金利息及外汇买卖汇率风险等，小币种外钞因单次调运量小、汇率波动大，调运成本更高。如从澳大利亚向北京调运100万澳元现钞，2013年5月24日路透报价为1澳元兑5.9312元人民币，同日境内中国银行澳元现钞卖出价为5.9479元，100万澳元价差为16 700元人民币。若运费及保险费按2.5‰计算，需支付14 828元，利润仅为人民币1 872元，盈利率0.03%，远低于社会平均收益率水平。

（二）**配钞费用较高**。调钞高成本也导致配钞成本高企，银行及特许机构除需承担收付、兑换、整点、清分、运输及压库利息等营业成本外，还需向配钞行（批发行）支付1.8‰～4.5‰的买入手续费或1‰～4.3‰的卖出手续费。据测算，银行外币兑换业务综合成本普遍高于4%，而由于政策规定现钞买卖差价不得超过中间价的4%，银行外币现钞兑换收益却不足4%，影响银行及特许机构开展外币现钞兑换的积极性。

（三）**部分特许机构受政策限制难以开展跨境调钞**。外汇局及海关总署联合下发的《银行调运外币现钞进出境管理规定》（汇函〔1998〕65号）明确规定，非银行机构未经国家外汇管理局批准不得调运外币现钞出入境，部分特许机构具备行业优势，如海航集团参股的天津渤海通汇货币兑换有限公司，可利用海航集团的空运网络、保险及通关便利，快捷高效地开展外币现钞跨境调运业务，且成本低廉，但因其经营时间短、非银行机构身份等原因，尚未获批外币现钞跨境调运资格。

三、相关建议

鼓励非银行机构或银企合作机构从事外币现钞调运及配钞业务，引入专业外币调钞机构，利用其运输、保险及通关便利，降低调钞及配钞成本，取消美元现钞兑换价差应在汇率中间价4%以内的政策限制，提高外币现钞兑换收益。

（三）经常项目外汇管理

1. 继续深化货物贸易外汇管理制度改革。一是制定《货物贸易外汇重点企业监测业务规程制度》，实现从抓全部主体向抓重点主体的转变。二是货物贸易改革全面降低社会成本，银企享受便利，自律意识增强，及时向市政府反馈政策效果，《改革促发展，便利显实效——货物贸易外汇管理改革后的情况》专报获市领导批示。三是加强对辅导期企业的专项管理，监管与服务并重。四是对银企开展培训，集中培训累计26期、5 000多人次，与市商务委开展6次对企业负责人新政策宣讲活动，1 000多人次参训，受到商务委和企业好评。五是有效开展非现场监管和现场核查工作，共对687家企业实施了现场核查，对银行开展现场核查15次，核定B类企业191家、C类企业5家，B、C类企业占名录企业的1.4%。

2. 全力推进服务贸易外汇管理制度改革。一是天津市分局成立改革领导小组，制订了具体实施方案，及时向市政府报告进展情况，《服务贸易外汇管理改革便利化成效在天津企业开始显现》专报获市领导批示。二是组织辖内塘沽中心支局、全辖银行、227家企业共900余人次进行政策培训，编写并印制宣传手册，多渠道发布改革文件及相关信息。三是改革首日实地走访国税局、银企了解政策执行情况，及时向总局反馈。四是做好非现场监管和专项核查，共发出核查通知56份，涉及金额5.3亿美元，同时对核查中涉及的付汇银行及时作出风险提示，要求其加强对企业单证的真实性审核。

专栏六

服务贸易外汇管理改革便利化成效在天津企业开始显现

自2013年9月1日起，国家外汇管理局在全国范围实施服务贸易外汇管理改革。新政实施后，天津市分局分别走访企业、银行和税务局，全程跟踪企业办理服务贸易外汇收支的流程，见证企业、银行办理业务的变化。同时，企业、银行反应积极，认为新政策极大地便利了企业业务办理，节省企业往返税务、银行与外汇局的“脚底成本”，银行办理业务时限大大缩短，提高了企业、银行的办事效率。

一、企业税务备案表的办理手续简便，税务局办理时限大大缩短

新政实施后，我们走访了中远散货运输有限公司，了解公司服务贸易收付汇情况。目前，该公司租船8艘，每艘船每月付汇2次，每月支付租金共计700万～800万美元。在新政策实施前，公司的服务贸易付汇业务需要先去国税局再去地税局办理税务证明，所缴税率需要经办、科长、局长逐级审核，需要时间至少2～3周。新政策实施后，企业只需要去国税办理备案，而且可以先拿到税务备案表后纳税，节省合同判定时间。在滨海新区第五地方税务局柜台，税务人员为中远散货运输有限公司办理单笔业务用时仅5分钟。仅从企业税务办理过程看，新政策实施极大地便利了企业，节省企业往返税务部门"脚底成本"和业务办理的"时间成本"。

二、企业办理付汇的单证简化，银行办理时限缩短三分之一

新政实施后，我们派业务人员到中国银行和平支行，天津高银国际俱乐部有限公司正在办理一笔付汇业务，金额为29.8万港元。银行柜台人员在认真审核境外汇款申请书及企业预留印鉴后，为该企业办理了付汇手续，由于审核单证简化，整个办理过程仅用10分钟，为改革前的三分之一。

今后，天津市分局将进一步加强对企业培训和宣传，增加企业对新政策的了解掌握程度，确保新政策贯彻落实到位。

3．探索创新监管工作方式。一是构建以重点企业监测为基础、外汇指定银行结售汇监测为节点、防范外汇风险应急管理为闸门三位一体的货物贸易非现场监管体系，建立重点企业库和银行监测库，实现监管的针对性和有效性。二是对转卖业务等特殊业务类型做标识，实现有效监管的同时便利企业。

专栏七

天津市分局探索构建货物贸易外汇非现场监管体系

自货物贸易外汇管理改革以来，天津市分局在总结货物贸易外汇非现场监管工作基础上，探索建立以重点企业监测为基础、外汇指定银行结售汇监测为节点、防范外汇风险应急管理为闸门三位一体的货物贸易非现场监管体系，充分利用货物贸易外汇监测系统功能，完善内部工作制度，进一步提升货物贸易外汇非现场监管效力。

一、制定三项工作制度，构建非现场监管体系

（一）兼顾管理和分析需要，结合货物贸易外汇工作重点建立重点企业监

测制度

重点企业监测制度以提升地区货物贸易外汇形势分析和预测能力为目标，兼顾对监管指标异常的企业核查需要，按照主体监管思路，明确了重点企业的选择标准、监测期间、监测内容、监测报告和监测结果运用等内容。在重点企业选择方面，按照分析类企业、管理类企业和特殊行业企业三个大类别选择样本企业，突出样本企业的代表性和业务量覆盖率。目前结合防流入工作，确定重点监测企业80家，货物贸易外汇收支量占全部企业的60%以上。重点企业监测报告以图表为主，突出反映数据变化情况和趋势，辅以简短的情况分析，力争做到规范、简明、易用，更好地服务于形势分析和异常交易核查需要。

（二）加大对银行货物贸易结售汇情况监测力度，建立银行结售汇监测制度

银行结售汇数据直接影响到外汇储备变动情况，也反映了各项管理政策的执行效果，因此加强对银行货物贸易结售汇情况监测力度，对出现的异常变化及时采取措施，是完善货物贸易非现场监管工作的重要方面。天津市分局研究建立银行结售汇监测制度，加强外汇局内部管理数据共享，缩短监测周期，实现按旬监测结售汇数据变动情况，对数据变动幅度较大的银行采取电话询问、要求其报送说明材料和现场核查等措施，掌握数据变动原因，核查异常企业，增强对结售汇形势的整体把握能力，评估政策执行效果。

（三）增强防范地区外汇风险能力，制定防范外汇风险应急管理制度

为增强对地区货物贸易外汇形势的整体把握能力，提升风险预警和快速反应水平，在出现外汇风险情况时及时采取有力措施加以化解，天津市分局研究制定防范外汇风险应急管理制度。应急管理制度在充分利用现有监测和核查手段的前提下，明确外汇风险的内涵、数据监测、风险状况评估、触发应急预案条件、应急管理措施、管理效果跟踪和应急管理状态退出等内容，突出快速反应和措施到位，为化解地区外汇风险提供制度保障。

二、构建非现场监管体系过程中遇到的问题

（一）重点监测企业数据监测工作量较大

目前核查系统还不具备按照监管人员需求对选取的部分特定企业进行整体数据统计、分析的功能，因此对80家重点监测企业只能采取人工筛选数据的方式进行统计和监测工作，数据查询和处理的工作量较大，影响监测效果。

（二）结售汇统计制度仍需完善

按照银行结售汇统计制度，银行按旬向外汇局报送结售汇数据，但所报送的数据中不包括按企业统计的数据，因此无法直接锁定结售汇变动明显的企业，外汇局只能要求银行手工统计企业结售汇情况，数据的准确性和可信度都存在问题。

（三）应急管理工作存在政策风险

在地区存在外汇风险的情况下，分局要结合风险程度、地区业务特点采取管理措施，必要时也需要对部分企业和银行采取降低分类级别、限制某类业务开展等措施，但此类措施都存在超管理权限行政的问题，存在依法行政方面的政策风险。

三、完善此项工作的设想和建议

（一）进一步完善贸易外汇核查系统功能，增强统计分析能力

增强贸易外汇核查系统统计分析功能，例如，可增设自主监测企业功能模块，分局可结合地区特点灵活设定需要进行重点监测的企业，系统提供对这部分企业的统计、分析和监测功能，提升重点监测工作效率。

（二）利用现有系统直接采集企业结售汇数据，为非现场监管提供更加有利条件

充分发挥外汇账户系统、国际收支统计监测系统和贸易外汇核查系统功能，通过采集以上系统数据在贸易外汇核查系统中增加企业结售汇监管功能，实现对企业贸易结售汇的非现场监管，扩展现有对企业非现场监管工作范围。

（三）赋予分局在特殊情况下制定和采取特殊管理措施的权限，减少政策风险

建议赋予分局在特殊情况下结合地区特点采取应急保障措施的权力，例如，可以规定分局在启动防范外汇风险应急预案时要及时向总局报告，同时将准备采取的应急管理措施报备总局执行，减少分局应急管理情况下的政策风险。

4. 认真做好“控流入、减顺差”专项工作。一是制定了《加强经常外汇流入管理内部工作制度》，加强对流入重点企业的分类管理和持续监测。向辖内 113 家流入重点企业下发风险提示函，经核查核定B类企业22家，并对这些企业进行持续监测和跟踪管理。监管期结束后，将符合条件的15家企业恢复为A类。二是制定相应内控制度，确保依法履行职责。三是及时向总局反馈政策执行情况，上报工作总结并梳理典型案例，完成各类工作简报、周报、月报、工作报告及工作总结16期。四是加强对银行和企业的指导和核查。

专栏八

建立货物贸易外汇管理风险防范预案和保障机制的思考

改革后的货物贸易外汇管理体系在风险防范方面有了较大改进，但国内外经济金融形势复杂多变，2013年上半年的资金大量流入，为“防风险”工作敲响警钟。如何建立完善的风险防范预案，并提供有效的保障，成为外汇局一项重要的工作与课题。

一、面临的风险

（一）跨境资金冲击的风险

随着货物贸易外汇管理改革的完成，货物贸易项下收支便利化程度大大提升的同时，也在一定程度上为违规、套利资金的跨境流动提供了较为便利的通道。一旦宏观经济环境存在资金流动的利益空间，货物贸易跨境收支将面临资金冲击的风险。

（二）政策不协调导致规避外汇管理的风险

一是货物贸易本外币收支政策不协调。与货物贸易外汇收支管理政策相比，跨境贸易人民币收支管理政策较为宽松，所受限制较少，企业可以通过使用人民币跨境收付以及本外币交叉使用等方式规避外汇管理；二是货物贸易外汇管理与其他外汇管理政策不协调。例如，由于资本项目管理政策较为严格，企业存在以货物贸易之名实现资本交易的行为，较常见的是企业通过货物贸易项下贸易信贷、退汇等业务举借外债。

（三）总量核查的无效性风险

货物贸易外汇管理改革之后，“总量核查”成为管理的核心政策，成为筛选异常企业的主要手段，然而其存在失效的风险。一是总量核查数据有效性问题。企业报告数据直接影响总量核查指标的计算，而企业报告数据的真实性、有效性、全面性难以保证。二是总量核查指标可以被人为修正。主要方式包括通过企业报告调整指标，特别是差额报告等，没有类似用于监管贸易信贷报告的贸易信贷报告余额比例指标，可以用于监管差额报告；通过借助NRA账户或离岸公司等实现资金的跨境调度，以调整企业的总量核查指标，且难以被发现。三是总量筛选规则中，总量差额与总量差额率为交集条件，两指标同时超标的企业才被筛选出来。实际中，有些企业规模较大，差额规模对辖区总差额贡献度较大，然而由于差额率不达标，导致企业无法被总量筛选出来，有悖于“抓大放小”的管理原则。

（四）管理措施的无效性风险

一是管理滞后，预见性不足。目前，外汇局系统特别是分支局对整体外汇走势的预见性不强，前瞻性不够，往往在风险已经累积到一定程度或者形势已经较为严峻的时候，方能发现有关情况并采取一定的措施。然而，资金跨境流动已愈发地呈现出“高频率、快速度、大规模”的特点，事后采取措施补救之时，外汇形势很可能已经发生逆转，相关针对性的管理措施有可能达不到理想的效果。二是管理信息披露不充分，存在信息不对称的情况。银行贸易融资产品对外汇收支的影响由来已久且不断深化，然而，外汇局对银行贸易融资产品知之甚少，缺乏对银行贸易融资产品信息的掌握；境内外关联公司通过关联交易，以贸易信贷等方式可以非常隐蔽地规避有关外汇管理规定，实现资金的跨境调度。目前，关联交易信息的披露不充分，虽然企业在做贸易信贷报告时需要填报是否关联交易的信息，然而相关信息的完整性、真实性难以保证。

二、现有管理手段不足

货物贸易改革之后，货物贸易外汇监测系统增强了分析监测功能，并且通过“综合分析—非现场监测—现场核查”的操作安排，以及对企业的分类管理，货物贸易外汇管理的针对性和有效性得到较大的提升。然而，在防范风险方面仍存在以下不足。

（一）重于对历史情况的分析核查，分析缺少预判性

从综合分析到非现场监测再到现场核查，每个环节的基础数据均为历史数据，并且分析的落脚点也是过去，是对企业历史情况是否合规、是否异常的一种研判，缺少对企业未来情况，对整体外汇形势未来走势的研判，导致外汇局只能在形势发生重大变化之后，疲于应付形势的变化，难以主动采取预防措施，阻止风险的发生。

（二）系统缺少必要的数据信息，企业报告数据质量难以有效保证

监测系统缺少单个企业的结售汇数据，导致地区结售汇形势变化与微观企业之间的联系被隔断，很难将宏观形势的分析落实到微观企业的管理上，管理目标难以实现。同时，企业报告数据作为总量核查的基础数据，没有数据校验、矫正机制，完全由企业自主报告，数据质量难以保证。

（三）缺少管理信息强制披露的机制

外汇局与银行、企业之间存在信息不对称的情况，银行各种外汇金融产品，企业关联交易信息等内容多不被外汇局掌握，而这些项目可能会对外汇收支产生较大的影响。目前缺少相关制度，规定企业与银行应及时、完全、准确地向外汇局进行信息披露，使外汇局对这些项目难以形成有效的管理。

（四）不具有事前交易风险提示机制

目前，货物贸易外汇管理主要依赖事后监管，事前完全放开，由于缺少事前风险提示的手段，外汇局难以进行事前干预。企业的注册手续简便，不法企业很容易通过注册新企业的手段来躲避因老企业违规而应受的处罚，同时当国际收支形势变动较为剧烈时，有效的事前干预也是十分必要的。

三、政策建议

（一）建立重点企业监测制度，提升分析预判能力

重点企业监测制度以提升地区货物贸易外汇形势分析和预测能力为目标，兼顾对监管指标异常的企业核查需要，按照主体监管思路，明确重点企业的选择标准、监测期间、监测内容、监测报告和监测结果运用等方面内容。在重点企业选择方面，按照分析类企业、管理类企业和特殊行业企业三个大类别选择样本企业，突出样本企业的代表性和业务量覆盖率。通过对代表性的微观企业的分析来对宏观经济形势进行研判。

（二）增强防范地区外汇风险能力，制定防范外汇风险应急管理制度

应急管理制度应在充分利用现有监测和核查手段的前提下，明确外汇风险的内涵、数据监测、风险状况评估，触发应急预案条件、应急管理措施、管理效果跟踪和应急管理状态退出等内容，突出快速反应和措施到位，有效化解地区外汇风险。同时，应赋予分局在特殊情况下结合地区特点采取应急保障措施的权力，例如，可以规定分局在启动防范外汇风险应急预案时向总局报告，同时将准备采取的应急管理措施报备总局执行，减少分局应急管理情况下的政策风险。

（三）完善系统数据信息，提升数据质量

充分发挥外汇账户系统、国际收支统计监测系统和贸易外汇核查系统功能，通过采集以上系统数据在贸易外汇核查系统中增加企业结售汇监管功能，实现对企业贸易结售汇的非现场监管，扩展现有对企业非现场监管工作范围。在系统完成采集结售汇数据之前，建立银行结售汇监测制度，加强外汇局内部管理数据共享，缩短监测周期，实现按旬监测结售汇数据变动情况，对数据变动幅度较大的银行采取电话询问、要求其报送说明材料和现场核查等项工作措施，掌握数据变动原因，核查异常企业，增强对结售汇形势的整体把握能力，评估政策执行效果。

对于企业报告数据质量问题，由于难以形成自动校正机制，就需要加强人工的核实工作。定期采取抽样调查等方式，核实企业报告数据的质量；对于报告金额大、期限长的企业报告，应逐笔进行核实；对于报告笔数多、金额大的企业，应加强核查力度。同时，以座谈会等形式，及时了解并解决企业报告中遇到的问题，提升企业报告数据的准确性。

（四）建立信息披露制度，并通过监测系统实现

根据管理需要，建立信息披露制度，由银行和企业向外汇局通报必要的管理信息。目前阶段，银行需要通报贸易融资产品有关信息以及异常企业交易信息等内容，企业需要通报关联交易、转卖等特殊业务情况的内容。在不对监测系统进行调整的基础上，银行端可以通过“银行留言”模块，向外汇局报送有关信息。企业端可以通过“企业留言”模块或者“其他特殊交易报告”模块，向外汇局报送有关信息。

5. 加强与相关部门的信息共享及协作机制。一是货物贸易方面，建立制度，完善手续，与天津市国税局定期交换监管数据，沟通监管信息，形成对企业全方位联动式服务与监管合力。二是服务贸易方面，与天津市商务委签署了《服务贸易管理与服务合作协议》，加强了外汇局与商务部门有关服务贸易及服务外包工作的协作配合；与天津市国税局、地税局就改革实施后企业办理服务贸易等项目对外支付税务备案、数据交换等问题进行沟通，建立了服务与监管合作机制。

（四）资本项目外汇管理

1. 积极推进外商投资企业资本金意愿结汇改革试点。对滨海新区整体经济规模进行摸底，在中新生态城第一批企业名录基础上，确定了第二批试点企业名录，使目前享受意愿结汇政策企业达到189家。积极争取将试点范围进一步扩大到整个滨海新区，通过资本金结汇非现场监管系统，加强对试点企业的跟踪监测，截至2013年末，已有35家试点企业按照试点政策办理了外汇资本金结汇，结汇金额7.4亿美元，支付人民币折合6.8亿美元，结汇支付率为92.1%。

专栏九

天津市外商投资企业资本金意愿结汇改革试点稳步推进

2013年，天津市外商投资企业资本金意愿结汇改革试点工作运行平稳，企业合理规避汇率风险，降低投资成本，扩大企业自主经营的空间。截至7月末，累计资本金意愿结汇企业34家，累计意愿结汇7.1亿美元，累计支出人民币折合6.2亿美元，累计结汇支付率86.8%。其中东疆保税港区4家，累计意愿结汇3 062万美元，累计支出人民币折合2 972万美元，累计结汇支付率97.1%。2012年9月29日，天津东疆保税港区纳入外商投资企业外汇资本金结汇改革试点范围后，企业反应积极，意愿结汇及人民币支付率高，结汇资金主要用于码头建设、物流服务等，有力地支持了地方经济的发展。

为扩大试点工作成果，2013年初开始，天津市分局对滨海新区利用外资情况进行了全面调查，摸清滨海新区企业外资情况，并总结中新生态城及东疆保税港区试点情况，修订了《外商投资企业资本金结汇改革试点管理办法》和《外商投资企业资本金结汇改革事后监管操作办法》。在做好前期准备后，8月12日正式向国家外汇管理局上报《关于将天津滨海新区纳入外商投资企业外汇资本金结汇改革试点范围的请示》，争取将试点范围进一步扩大。

2. 严格管理短债和担保指标。在深入调查分析的基础上，为辖内银行和非银行金融机构核定年度短期外债指标6亿美元，核定融资性对外担保指标12.3亿美元。

首次核定中资企业外保内贷指标 3 000 万美元，并按月监测指标执行情况，指导和督促相关主体严格按规定使用指标。

3. 认真做好外商直接投资与境外投资外汇年检工作。创新年检工作方式，实行全辖年检集中办理，大力推进事务所年检方式，便利企业参检，会同天津市商务委、工商局等部门召开联席会议，共同推进年检工作开展，加强培训和媒体宣传，参检率不断提高，全年参检外商投资企业 6 301 家，境外投资企业 271 家，外资企业外汇年检参检率 94.3%。

专栏十

财务指标分析引入外汇年检数据综合利用初探

外商投资企业外汇年检是一项重要的直接投资外汇管理制度，是全面掌握企业存续状况，加强跨境资金流动统计监测和分析预警的良好平台和抓手。作为对外商投资企业非现场监测的重要手段，通过核查企业年检数据能较为全面地了解企业的收支状况和经营情况。年检数据为外汇局提供了企业大量的财务数据信息，但如何对这些数据展开综合利用，判断数据真实性与准确性，发现企业异常资金流动，一直都缺乏行之有效的方法。在 2013 年外汇年检过程中，天津市分局进行了将财务指标分析引入年检数据综合利用的有益尝试。

一、财务指标分析引入外汇年检数据综合利用的基本方法与核心数据指标

（一）基本方法

财务指标是指总结和评价企业财务状况与经营成果的分析指标，包括偿债能力指标①、营运能力指标②、盈利能力指标和发展能力指标。

财务指标分析引入外汇年检数据综合利用是指基于“主体监管”思路之下，通过对年检信息中提供的财务数据进行深加工，结合外汇局各系统内数据展开的对年检数据与外汇收支情况的综合分析。

（二）核心数据指标

1. 流动比率：流动比率 = 流动资产 ÷ 流动负债，表示企业每元流动负债有多少流动资产作为偿还的保证，反映了企业的流动资产偿还流动负债的

① 偿债能力指标包括流动比率、速动比率、负债与有形净资产比率等指标。
② 营运能力指标包括应收账款周转率、存货周转率等指标。

能力。流动比率越高，反映企业拥有越多的营运资金抵偿短期债务，表明企业可以变现的资产数额越大，反映企业短期偿债能力越强。

2. 速动比率：速动比率 = 速动资产 ÷ 流动负债，其中：速动资产 = 流动资产 − 存货 − 预付账款 − 待摊费用。存货在流动资产中变现速度较慢，预付账款和待摊费用不具有变现能力，所以将这些项目从流动资产中加以剔除。速动比率可以反映企业短期偿债能力，速动比率过低，企业的短期偿债风险较大，速动比率过高，企业在速动资产上占用资金过多，会增加企业投资的机会成本。

3. 应收账款周转率：应收账款周转率 = 主营业务收入净额 ÷ 平均应收账款余额，其中：主营业务收入净额 = 主营业务收入 − 销售折让与折扣，平均应收账款余额 =(应收账款年初数 + 应收账款年末数) ÷ 2。应收账款周转率反映了企业应收账款变现速度的快慢及管理效率的高低，可以反映企业对资金的需求情况。

4. 存货周转率：存货周转率 = 主营业务成本 ÷ 存货平均余额，其中：存货平均余额 =(存货年初数 + 存货年末数) ÷ 2。它是反映企业的存货周转速度和销货能力的一项指标，可以反映企业对流动资金的需求情况。存货周转率越高，表明其变现的速度越快，周转额越大，资金占用水平越低。

5. 负债与有形净资产比率：负债与有形净资产比率 =(负债总额 ÷ 有形净资产) × 100%，其中有形净资产 = 所有者权益 − 无形资产 − 递延资产。该指标表示企业有形净资产对债权人权益的保障程度，企业的无形资产、递延资产等一般难以作为偿债的保证，从净资产中将其剔除，可以更合理地衡量企业清算时对债权人权益的保障程度。

二、财务指标分析引入年检数据综合利用的具体构想

（一）引入营运能力指标分析企业借用外债的合理性

企业借用短期外债主要用于弥补营运资金的不足，因此，可通过分析应收账款周转率、存货周转率等营运能力指标来判断企业借用短期外债的合理性。若上述指标显示企业流动资金短缺，则借用短期外债具有合理性；若上述指标显示企业资金状况良好，变现能力较强，而企业仍借用外债，则可能存在改变外债用途、短债长用或资金借道流入敏感行业的嫌疑，应予以密切

关注。特别在人民币升值预期和国际市场资金成本较低的环境下，企业可能利用汇差、利差逐利，导致国际收支不平衡和流入压力增大。

企业借用长期外债主要用于购买固定资产、在建工程等长期用途，此类资金需求一般不体现在当期财务数据中，但可以通过对今后一期有关财务数据分析，关注企业资产负债表中“固定资产”、“在建工程”等科目变动情况，从而对企业借用长期外债的合理性和实际用途进行事后核查。

（二）引入偿债能力指标分析企业外债偿还的合理性

企业偿还外债一般按照自身财务状况进行资金安排，选择提前、按期或延期偿还外债本息。提前偿还外债可为企业节约利息成本，而延期偿还外债可为企业缓解资金紧张状况。从企业财务管理角度看，进入偿还程序的长期债务可划为短期债务，因此，可通过分析企业流动比率、速动比率等短期偿债能力指标，判断企业外债偿还的合理性。若上述指标显示企业资金流动性良好，短期偿债能力较强，则企业提前还款具有合理性；反之，则企业有理由延期还款。但若上述指标显示企业资金较为充裕，企业却多次办理外债展期，将短期外债延展为长期外债，说明企业存在短债长用、长期占用外债资金的可能性，应进一步关注企业外债资金的实际用途，合理控制企业外债展期次数。

（三）引入负债与有形净资产比率监测企业资本金结汇情况

负债与有形净资产比率可以反映出负债总额与有形净资产的比例关系，同时从侧面反映出无形资产的总体变化。对于负债与有形净资产比率较高的企业，可进一步对“无形资产——土地使用权”科目进行分析，若该科目期末余额 - 期初余额 >0，且数值较上年增加较多，则企业可能存在资本金结汇进入房地产投资的行为。另外，可关注资产负债表中有关财务数据以监测资本金结汇异常情况，如“长期股权投资”科目变动较大则关注企业是否存在将资本金结汇后人民币资金用于股权投资的情况；“其他应收款”科目变动较大则企业可能存在将资本金结汇后人民币资金直接借给其他企业或个人的情况；“其他应付款”科目变动较大则企业可能存在将资本金结汇后资金用于偿还企业间借贷或第三方垫款的行为；“投资性房地产”科目变动较大则企业资本金结汇后资金可能流入房地产行业。

三、基于财务指标分析基础上的外汇收支分析——以电子通信行业为例

电子通信行业是天津市的重点行业之一，聚集了如飞思卡尔、三星电子、摩托罗拉等多家大型企业，产业规模庞大，外汇收支涉及项目多、金额大，具有较为鲜明的特点。通过选取注册资本规模居前列的12家电子通信行业重点企业为样本，结合外汇年检数据，运用财务指标分析法对其外汇收支情况进行剖析。

（一）应收账款周转率和存货周转率低于行业平均值，企业借用外债弥补资金缺口

12家样本企业中5家企业近3年有借用外债的行为，2010—2012年外债资金流入分别为6 326.7万美元、21 028.8万美元和9 682.8万美元。通过分析应收账款周转率和存货周转率，可以了解企业资金需求情况。由于企业财务指标并没有统一的标准值，各行业性质不同，财务指标的实际标准也不同。所以，在分析企业财务指标时，我们以12家样本企业数据为基础计算了行业平均值，以此作为衡量标准。

从图C10-1可见，借用外债的5家企业中，仅一家企业应收账款周转率连续3年高于行业平均值，其余4家企业应收账款周转率均明显低于行业平

图 C10-1

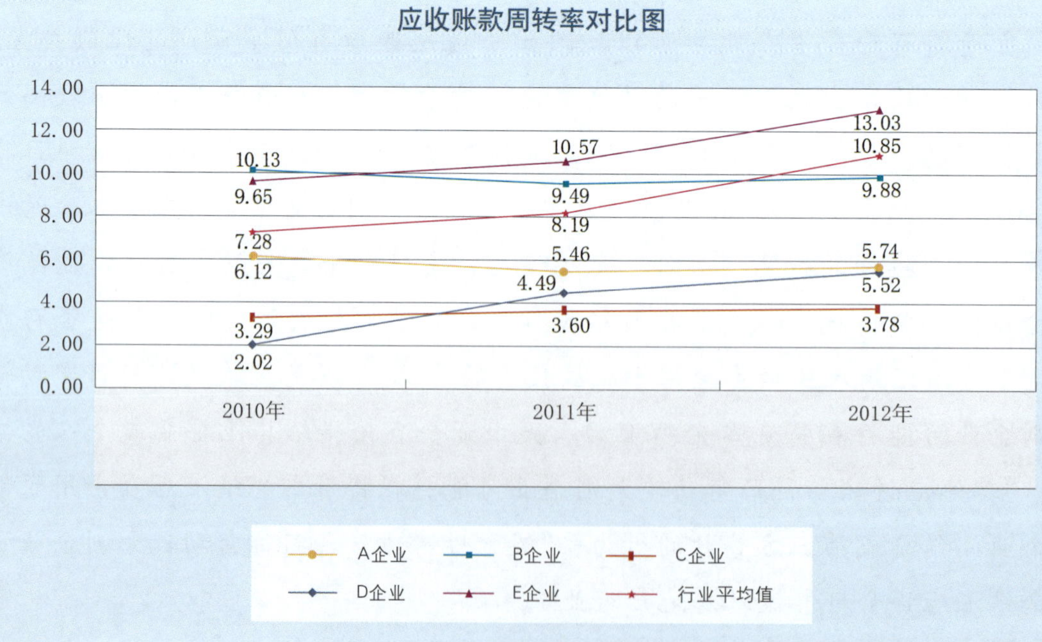

图 C10-2

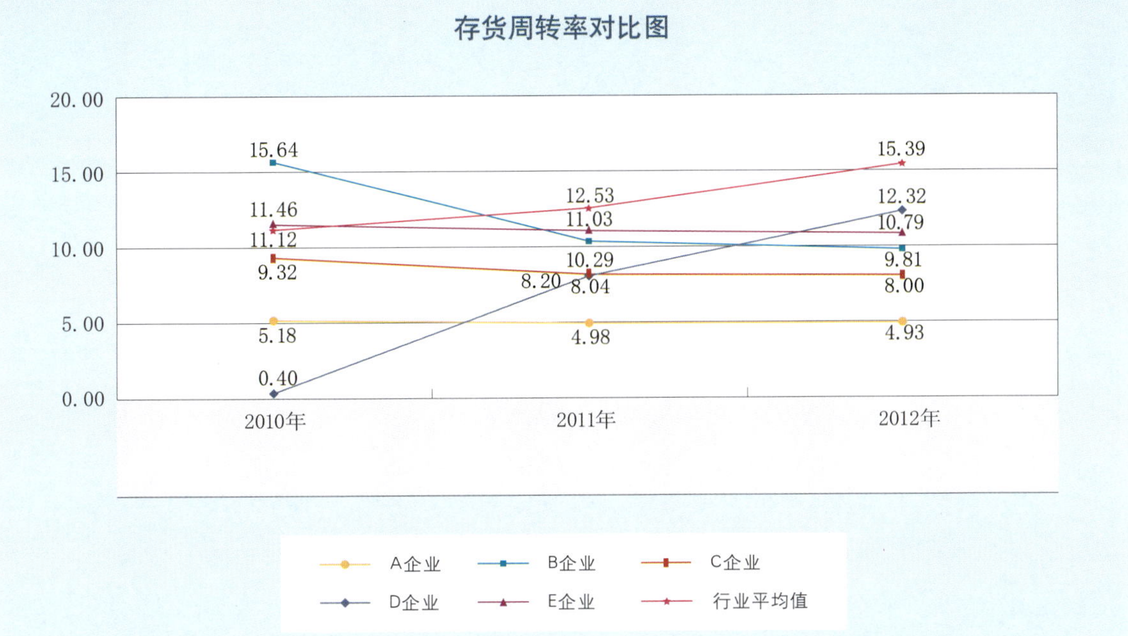

均值，说明这些企业应收账款收款速度较慢，变现能力较弱，资产流动性较差，资金相对短缺，这与企业借用外债弥补资金不足的行为较为吻合。同时，结合存货周转率指标（见图 C10-2），5 家企业近 3 年存货周转率均低于行业平均值，说明企业存货资金占用水平较高，变现速度较慢，资金使用效率较差，也从一定程度上反映了企业资金缺口。

（二）短期偿债指标较为理想，企业外债可按计划持续稳定还本

2010—2012 年，5 家借用外债企业分别偿还外债本金 1 413.5 万美元、6 720.0 万美元和 8 824.9 万美元。经核查，企业基本能够按计划完成外债还本，不存在多次办理外债展期、短债长用、长期占用外债资金的情况。以借用外债笔数较多，还本较为持续的 A 企业为例，2010—2012 年分别偿还外债本金 1 413.5 万美元、1 570.0 万美元和 1 424.9 万美元，对其近 3 年的短期偿债能力指标进行分析。

由图 C10-3 和图 C10-4 可见，A 企业 2011 年、2012 年流动比率、速动比率均持平于或高于行业平均值。在行业平均值逐年下降的情况下，该企业流动比率、速动比率保持逐年增长的趋势，说明企业短期偿债能力渐强，拥有较多的营运资金抵偿短期债务，故该企业能持续稳定偿还外债本金，且各年还本

图 C10-3

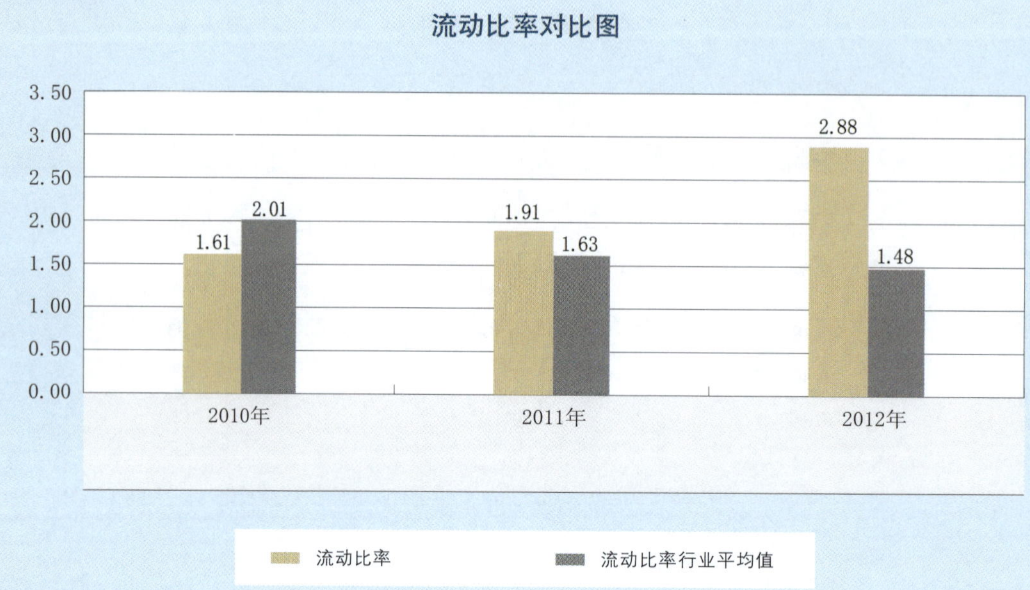

图 C10-4

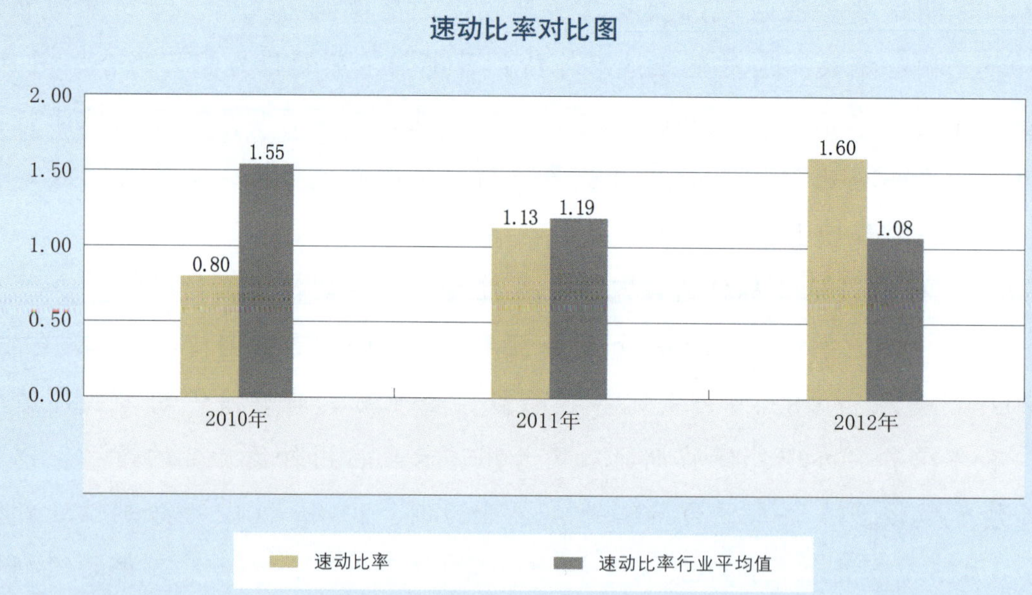

金额较为均衡。

（三）负债与有形净资产比率偏高于行业平均值，资本金结汇主要用于工程建设及补充日常营运资金

天津市电子通信行业聚集效应较为显著，12 家样本企业多数已注册成立十余年，注册资本到位时间较早。近 3 年两家企业有资本金结汇行为，结汇金额分别为3 087.4万美元和500万美元。由图C10-5可见两家企业负债与有形净资产比率均偏高于行业平均值，需予以关注。进一步分析财务数据情况发现，两家企业“无形资产”科目期初期末数据均为零，负债与有形净资产比率偏高原因主要为负债额较高或亏损导致的所有者权益偏低。经核查，两家企业资本金结汇主要用于工程款及货款、税款等日常营运资金。结合企业财务数据，对应于“在建工程”科目有相应金额变动，并于第二年结转至“固定资产”科目。同时，“长期股权投资”及“投资性房地产”科目数据为零，说明企业没有股权投资或投资于房地产行业的行为。

四、相关建议

（一）财务指标分析引入外汇年检数据综合利用，提高利用非现场数据分析能力

将财务指标分析引入外汇年检数据综合利用，通过完善年检系统功能实现企业财务指标的自动核算和预警，加强企业财务指标与外汇收支的匹配分析，判断企业外汇收支及资金结汇的合理性与合规性，提高利用非现场数据分析能力，为现场核查提供可疑情况与线索。

（二）现金流量表加入年检上报信息，准确掌握资金流状况和分析外汇收支情况

现金流量表是反映一家公司在一定时期现金流入和现金流出动态状况的

图 C10-5

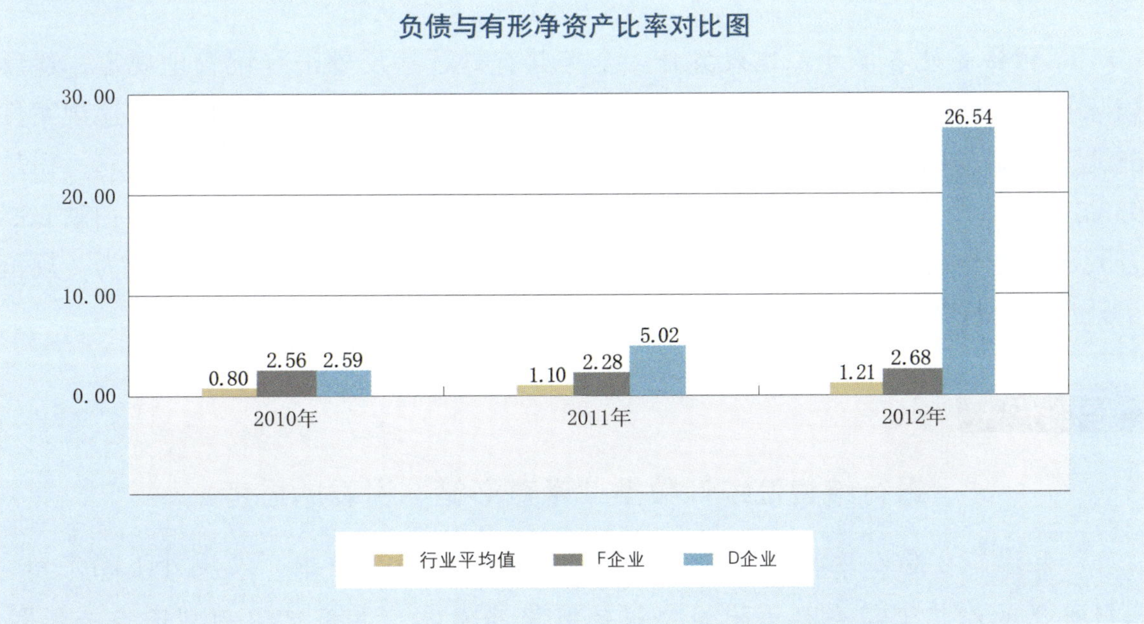

报表。通过现金流量表，可以概括反映经营活动、投资活动和筹资活动对企业现金流入流出的影响，对于评价企业的实现利润、财务状况及财务管理，要比传统的损益表能提供更好的基础，且与外汇收支情况存在更为紧密的联系，对于判断企业外汇收支合理性与合规性具有更大意义。建议在年检上报信息中增加现金流量表，以便掌握企业资金流状况，准确分析外汇收支情况。

（三）年检数据分析纳入外债签约审核流程，合理评估企业资金需求

建议将年检数据分析纳入外债签约审核流程，通过企业上报的上年度年检信息中提供的财务数据，计算出应收账款周转率、存货周转率等指标，从而评估出近期企业资金需求状况，判断企业借用外债的合理性，有效防范异常资金流入风险。

4. 着力加强事后监测核查。一是做好资本项目信息系统上线工作，组织分局操作培训，加强银行系统上线监督指导，协调辖区法人银行做好系统接口测试，按时完成历史业务数据补录，做好系统评估及业务数据核对。二是开展常态化监测核查，细分业务种类、明确日常监测重点，将试点工作的事后监测核查纳入每月日常核查工作中，落实总局事后监管机制，开展数据质量监控和非现场核查。三是研究资本金结汇非现场监管系统升级与指标优化。

（五）外汇检查与执法

1. 依法查处各类外汇违规案件。全年共查处了违反外汇登记管理规定，违反国际收支统计申报、非法结汇、非法使用外汇和擅自改变结汇资金用途等违规案件68起，罚款1 016.8万元，罚没款收缴率100%。其中，企业违规案件59起，罚款938.8万元，个人违规案件7起，罚款23万元。涉及局内移交案件54起，罚款66.8万元，查处金额在百万元以上的大案有4起，有力地打击和震慑了不法行为，规范了外汇市场秩序。

专栏十一

银行结售汇统计数据“逢查必错”引发的思考

天津市分局在近几年外汇指定银行全面合规性检查中，发现外汇指定银行报送的结售汇报表数据出现错报的概率非常高，甚至可以用“逢查必错”

来形容，严重影响了外汇局统计决策，针对此种情况，天津市分局依托对银行的现场检查，从结售汇统计数据的生成方式、汇总渠道以及差错形成原因等方面，归纳了两种典型模式。

一、典型模式分析

（一）典型模式

模式一：数据量极大，以电子化方式为基础，通过开发相关程序来实现报表自动生成

该模式的典型代表银行为某中资银行，检查人员2012年在对该行专项检查中，发现该行报送结售汇数据问题较多，一是从总量来看，2011年结汇漏报金额涉及本币总计3.6亿元，将结汇错报成售汇涉及本币总计11.6亿元，结汇错报率高达3.7%；售汇漏报金额涉及本币总计8.0亿元，将售汇错报成结汇涉及本币总计3.6亿元，售汇错报率高达4.8%。二是从项目来看，经常项目中的投资收益项下(代码332)错报金额275万美元，资本项目中的外债转贷款（代码442）多报221万美元。三是从机构管理来看，该行结售汇报表程序存在未及时纳入新设分支机构问题，进而导致错报率较高。

由于办理结售汇业务的网点非常多，结售汇笔数多，业务种类丰富，如果通过手工方式汇总，则费时费力且准确性无法保证。对此，该行国际部科技人员开发了结售汇报表程序，实现了报表自动生成。但该程序在使用过程中，由于基础数据不准确等原因导致报表错误的地方较多。

模式二：数据量较小，以手工方式为基础，通过手工汇总台账数据生成上报报表

该模式的典型代表银行为某日资银行，检查人员2013年在对该行专项检查中，发现该行2012年7月至8月向外汇局报送的《银行结售汇统计月报表——结汇（即期）》存在重报问题，合计4笔，折合6.4万美元。

日资银行的谨小慎微在结售汇报表方面表现得淋漓尽致，由于该行结售汇业务比较集中，笔数较少，该行对发生的每一笔结售汇业务会由经办人员手工登记在采号本上，并由另一人员复核，待上报报表时就按照采号本数据汇总生成。该方法基本上能保证结售汇数据的质量，但由于人工操作不能保证万无一失，实践中该方法也存在错报的可能性。

（二）两种模式比较

上述两种模式基本上涵盖了外汇指定银行生成结售汇报表的通用做法，但两种模式在使用中存在较大的差异。模式二保证了高准确率，但是模式二只适用业务规模较小的银行，对于大型银行来说，通过手工方式汇总报表，工作效率低，而且层层汇总更是保证不了准确性，而依靠程序自动生成节省了人力成本，提高了工作效率，但由于程序自动生成一方面依赖基础数据的准确性和完整性，另一方面依赖程序本身的完善性和适应性，当两个方面中任何一个方面存在问题时，结售汇报表的错误概率就非常高了，模式一中，该中资银行就是一个典型例子。

	业务特点	汇总方式	适用对象	人力成本	工作效率	错误概率
模式一	笔数多、业务复杂、分支机构多	程序生成	大银行	低	高	高
模式二	笔数少、业务简单、分支机构少	手工生成	小银行	高	低	低

二、错报原因分析

（一）银行员工素质和责任心影响报表质量。由于结售汇报表要填的细项特别多，不同明细项有严格的定义范畴，这就要求银行负责结售汇报表的人员高度敬业和负责，对于模式一要随时检验基础数据质量，不断完善程序，对于模式二要做好台账数据的准确录入，防范错录、多录、少录。正是由于报表质量依赖员工素质和责任心，因此，不同银行不同人员做出的结售汇报表质量千差万别。

（二）科目设置难以满足结售汇报表要求。外汇指定银行在科目设置上与外汇局结售汇报表要求差距较大，银行结售汇科目一般只区分即期、远期、代客、自身等，而结售汇报表的明细项要求非常多，以即期结汇表为例，银行代客分为金融机构、中资机构、外资机构、居民个人、非居民个人，明细项目分为经常项目、资本与金融项目等 31 项。综合来看，一个即期结汇报表就有 186 个空格需要填报。银行科目设置难以满足结售汇报表要求，导致以最基础电子数据生成报表很困难，结售汇报表质量难以保证。

（三）外汇局发现细项错报的难度大。一个即期结汇报表就有 186 个空格需要填报，细项太复杂，不光是银行不好填，对于外汇局来说也不好去核对银行报表准确性。在实践中，检查人员对于细项核对是挑选易出现错报的代码来核对，例如对于外债付息，应该统计在即期售汇表中的“332投资收益”项下，再如，对于直接投资者与直接投资企业之间的贷款和其他资金往来应统计在即期结汇表中的“220直接投资”项下。这种“以点带面”的做法，无法从根本上解决银行细项错报的问题，从银行角度来说，细项外汇局既然无法核对，报送数据责任心自然就不高，结售汇报表质量就难以保证。

（四）结售汇数据错报违规成本低。在外汇违规处罚实践中，对于银行结售汇报表错报处罚依据为《中华人民共和国外汇管理条例》第四十八条第二项：“有下列情形之一的，由外汇管理机关责令改正，给予警告，对机构可以处30万元以下的罚款，对个人可以处5万元以下的罚款：……（二）未按照规定报送财务会计报告、统计报表等资料的……”而适用此罚则时，对于银行所有报表方面的违规要合并处理，综合下来，银行的违规成本就很低，对外汇局来说，难以通过处罚来降低错报概率。

三、相关政策建议

（一）加强总局层面制度顶层设计。从总局层面完善结售汇统计制度，建议将统计报表报送形式变为逐笔传送形式，外汇局设定编码接口及编码规则，要求外汇指定银行在核心系统或业务系统中对于每个细项赋予编码，并将结售汇数据逐笔对接到外汇局系统中，采取这种方式，一方面方便银行科技人员据此开发相关程序，另一方面方便检查人员在检查时能够根据基础电子数据去核对银行结售汇报表的准确性，同时更加清晰地了解结售汇逐笔数据的详细情况。

（二）加大外汇指定银行考核和检查力度。国际收支部门与检查部门要加强联动，在日常考核和检查中对于发现的结售汇报表存在的问题要加大监管力度，对于结售汇报表错报概率较高的银行在年底考核时予以警示，同时对于错报银行加强处罚力度，防范报表错报的一再发生。

2.认真开展打击虚假转口贸易等专项检查。开展了“打击虚假转口贸易专项行动”、“外资流入房地产企业”和“个人分拆结售汇”的专项检查，在打击虚假转口贸易专项行动中，对单笔付汇金额超过100万美元的转口贸易及转卖业务进行了检查，共涉及企业72家，付汇笔数1 889笔，付汇金额合计73.0亿美元，涉及单证2 690份，发现了伪造变造单证、利用真实单证虚构交易背景等违规行为，查处违规企业2家，共处罚款350万元。在个人分拆结售汇专项检查中，发现了一些个人以分拆的方式规避限额监管进行逃汇及违规借外债的违规行为，依法查处案件2起，罚款23万元，实现天津市分局个人拆分结售汇案件的零突破。

专栏十二

转卖业务的融资属性不断增强值得关注

近期，天津市分局在货物贸易外汇业务调查中，发现部分企业开展的保税区货物转卖业务贸易属性不断弱化，主要以物权凭证交易为主，不利于实体经济的发展，融资属性不断增强，通过境内外联动，加大了跨境资金流动风险。

一、转卖业务基本情况

本文所说的转卖业务指国内公司与境外公司签订购买合同取得存放在保税区域内货物的所有权，然后又通过与境外另一买方签订销售合同出售货物所有权，其具体流程见图C12-1。

图C12-1

转卖业务流程

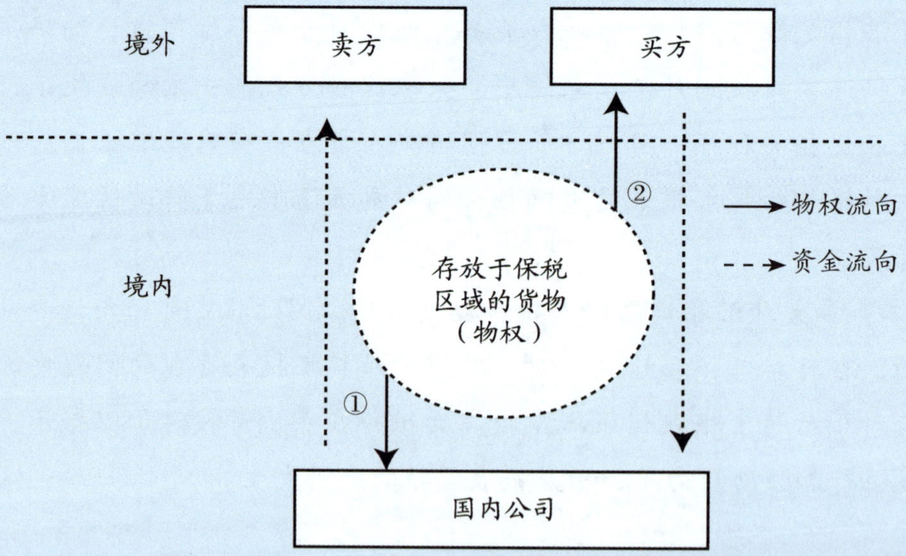

近年来天津市保税货物转卖业务发展异常迅速，根据国际收支申报数据显示，2012年8月至12月[①]，天津市转卖业务外汇收入9.2亿美元，支出9.4

① 2011年8月1日前，对于转卖业务国际收支申报没有明确规定，8月1日后天津市分局要求申报时在交易附言中注明“转卖”字样，出于数据可比性，这里数据期间为8月至12月。

亿美元，同比分别增长241.0%和49.0%，远超同期其他贸易外汇收支增速。从贸易集中度来看，2012年8月至12月，前10家从事转卖业务企业的收汇金额占所有转卖业务收汇金额的比重高达91.9%，付汇金额占比高达95.5%。

二、典型模式分析

通过对多家企业开展调查，天津市分局发现两种转卖业务模式比较典型，反映出转卖业务的融资属性越来越明显。

模式1：与境外关联公司联动，通过即期收汇远期付汇方式，融入境外低成本资金实现综合收益

境内H公司与香港公司X签订保税货物购买合同，约定付款条件为L/C 90 days after sight; 同时，H公司与其香港关联公司T签订销货合同，以每吨货物仅1美元增值的价格销售，约定付款条件为T/T。H公司收到T公司的款项后，用于开证保证金及其他业务资金综合利用方面，待信用证到期后再支付X公司款项。

该模式项下因境内外资金成本不同，存在较大的套利空间。由于采用即期收款远期支付的方式，从事转卖业务的境内企业几乎不用付出任何资金成本，且其收款后可以将资金用做公司其他业务的经营。而能够全额即期收款得益于境外关联公司的配合，这种境内外联动操作的模式保证了境内公司能够以极低的成本使用境外资金。

模式2：利用自身授信优势，为境外买卖双方提供优惠的结算方式，通过海外代付融资成本低的优势实现收益

境内Z公司与香港公司A签订保税货物购买合同，约定付款条件为L/C at sight；同时，Z公司与香港B公司签订销货合同，约定付款条件为签订合同时付合同款的10%，剩余90%货款90天内付清。Z公司收到B公司支付的10%款项后，用于支付信用证开证保证金，之后Z公司与境内银行签署90天“代付达”业务合同，境外银行将Z公司融资款项代付给A公司。待B公司到期将剩余款项支付后，A公司归还海外代付款项，并支付融资费用。

该模式下境内公司以其授信优势为境外买卖双方均提供了优惠的结算方式，在商品的价格上获得利益。从境内公司的购买环节看，由于采用即期全额付款的方式，境外卖家会在价格上对境内公司有一定的优惠；从销售环节看，由境外买家先付10%款项并替其承担一部分代理费和融资费用，买家承担的费用包含在境内公司卖出货物的价格里，而买卖差价带来的收益覆盖融资成本后就是Z公司的转卖业务项下收入。

不同模式下的交易收益测算（以90天为例）

	货物差价	开证费用	融资费用	融资收益	其他收入支出	交易收益
模式一	1美元／吨	0.10%	0	1.87%（机会成本、按年综合融资成本7.5%计算）	基本相抵（开证保证金存款收入、电报费支出）	1.77%（未扣除境外公司成本）
模式二	1.70%（包含代理费、融资费用承担）	0.15%	0.81%	0	同上	0.74%

三、存在的主要问题

（一）**制度存在空白**。目前对保税区货物转卖业务缺乏明确的定性和正式管理文件，货物贸易外汇管理改革也未对转卖业务作出明确规定，使得基层外汇局对于转卖业务的监管缺乏法规依据。

（二）**非现场监测总量核查指标异常**。由于保税区内进出境货物备案清单尚未实现电子数据共享，导致外汇局无法获取企业货物流数据，在进行总量核查时，从事此类业务的企业常因有资金流而无货物流被筛选出来。另外，对于以投机或者套利为主的物权凭证的转卖业务，交易链条中的每一手交易商都会出现资金流与货物流的背离，无形中加大了外汇局的核查压力。

（三）**融资属性影响外债管理**。转卖业务的融资属性不断增强，通过人为调整收付汇间隔，可以实现境外融资或者对境外提供融资，形成隐性的外债或对外放款，本属资本项目范畴的交易以贸易形式实现，从而影响到外债管理和境外放款相关外汇管理效果。

（四）**“两头在外”导致贸易真实性审核难度较大**。上述两个模式下的转卖业务，买卖交易对手都是境外企业，交易主体之间通过资金收付实现利益捆绑，境外企业并不受相关行政法规约束，外汇局对其业务监管存在困难。而在境内的中转环节，由于缺乏严格的通关管理，没有报关单，单靠企业提供的商业单据，贸易真实性审核难度较大。

四、政策建议

（一）**规范转卖业务管理**。一是借鉴转口贸易管理模式，赋予转卖业务单独的交易编码，与一般贸易相区别，加强风险防范。二是将同一合同项下收支间隔超过 90 天且收汇（或付汇）金额超过 50 万美元的业务纳入义务性报告范围，提高非现场监测分析的科学性。三是对转卖业务实行专项监测，作为后期管理重点。科学合理设置监测指标，一旦发现异常情况及时开展现场核查和专项检查。

（二）合理引导转卖业务健康发展。转卖业务的发展有其合理的一面，管理上应区别对待，有保有压。对于货物最终从保税区流向境内区外的转卖业务在规范管理的基础上予以鼓励和支持。而对于两头都在外，主要以投机或融资为目的的转卖业务，特别是买卖交易对手为同一境外企业的转卖业务要予以限制。

（三）部门联动，构建监管部门协调机制。在转卖业务中外汇局关注的重点是货物流和资金流的匹配，海关关注重点是货物流和税收问题，双方管理重点既有区别，又有共同之处，互补性较强，因此加强外汇局与海关的协调机制，可以有效避免监管盲点。

3．加大银行、融资租赁公司等金融机构的检查力度。按照总局的要求，对外换银行（中国）有限公司外汇资金的来源与运用情况开展专项调查，参加了对东京三菱银行天津分行开展总分行一体化专项检查。在天津市分局自行开展的检查中，对天津市农村商业银行股份有限公司开展了外汇业务合规性检查，对 2012 年检查发现问题的银行进行了回访检查，积极探索对非银行金融机构的检查方法，开展了对工银金融租赁公司的专项检查。2013 年，对 5 家银行等金融机构进行了检查，罚款 49 万元。

4．充分运用非现场检查系统查找线索。进一步加大非现场检查分析线索，完善精确筛查异常线索功能。2013 年，集中分析发现资本金结汇、外债结汇、个人结售汇项下及贸易收付汇项下的可疑或违规线索，共涉及企业 70 家，可疑或违规笔数 252 笔，合计金额 14.4 亿美元。通过非现场分析发现违规线索并查处的金额达 890 万元，占全部罚款的 87.5%。

（六）积极推进滨海新区外汇管理和服务

1．积极推进主体监管框架下“综合柜员制”改革。打破经常项目、资本项目管理边界和行为监管条块分割的固有模式，建立外汇业务前台“一站式”综合服务、后台“差别化”综合管理的服务新模式，实现外汇管理方式转变和履职效能提高。在主体监管框架下，整合监管资源，加强和规范调查、核查、检查工作信息共享和部门联动，逐步形成全方位的监测分析模式，提升了监管效率。

专栏十三

主体管理框架下外汇综合服务管理模式探讨

2013年，外汇局塘沽中心支局探索建立了以综合柜员为窗口、以主体综合监测与核查为核心、以前后台协同、内外部联动为保障的新型工作机制，推动主体监管新方式。

一、企业业务办理力图实现一点式接入和综合监管。一是企业可在同一柜台办理所有业务，避免了重复排队等待，企业业务办理时间由从前的平均15分钟缩短为3分钟，投资便利化程度明显提高。二是将同一主体的各类外汇信息进行整合，实现全口径、系统化监测，提高了综合监测水平。三是通过建立前台、后台沟通机制，实现了异常可疑交易线索、各类监测核查报告、主体分类结果的共享，外汇综合管理水平得到提升。

二、内外部资源配置进一步优化。一是为综合柜员开通各业务系统使用权限，使货物贸易、服务贸易、外汇账户、个人结售汇、直接投资、外债等主体数据信息统揽于综合柜员监测之下。二是对业务人员进行重新配置，经常项目和资本项目原有10~12人办理前台审批业务，重新配备后，综合柜员精减到5~6人。三是与税务部门签订联合监管协议，税务与外汇局信息互换，为企业分类提供了借鉴，通过外汇局提供的线索，税政部门补征税款近千万元，为甄别重点主体可疑交易行为提供了参考。

2.服务特色行业发展，提升新区对外竞争力。启用“融资租赁绿色通道”，提供六个专项服务全程指导企业办理外汇业务，出台操作细则，支持东疆保税港区完成国内首笔飞机联合租赁业务，降低单个租赁企业交易风险，减少资金占用规模。通过反复调研和实地走访，针对建立融资租赁交易市场向地方政府提出政策建议，助推新区成为全国融资租赁行业聚集中心。

专栏十四

外汇局塘沽中心支局关于推动滨海新区建设融资租赁交易市场的建议

外汇局塘沽中心支局在充分调研、走访的基础上，研究探讨了在滨海新区建设融资租赁资产交易市场的可行性及相关措施、建议。

一、可行性分析

近年来，融资租赁业快速发展，已经成为我国金融市场的重要组成部分，在转变经济发展方式、促进二三产业融合发展、提高资源配置效率等方面发挥了重要作用。截至2013年6月末，我国融资租赁业务规模已达到19 000亿元。但同时，融资租赁企业服务实体经济的能力受到融资渠道、资本约束、资产管理和风险定价等多方面限制。不断增长的数量级和行业发展面临的诸多问题迫切需要形成一个专门的二级市场——融资租赁资产交易市场。滨海新区作为我国金融改革创新的重要试点区域，融资租赁产业集聚效应初步显现，租赁合同余额占全国比重升至1/4，“东疆模式”飞机租赁业务形成比较优势，行业创新具有全国性示范效应，为建设融资租赁资产交易市场提供了良好的基础和条件。

二、总体思路

在遵循金融市场发展规律的基础上，建设具有全球影响力的、集租赁资产类合约买卖及相关产品交易于一体的全国性、多层次的创新型租赁资产交易市场。坚持合规性、差异化、服务实体经济的核心理念，以盘活交易资产、拓宽企业融资渠道、推动产业发展为中心，完善配套措施，加强风险管理，进一步优化融资租赁产业发展环境，推动融资租赁产业可持续发展。

三、具体内容

（一）以市场为导向，引入多元化、多层次的参与主体。成立融资租赁资产交易市场建设领导小组，制订融资租赁资产交易市场建设方案，引入资产交易市场、资产评估、信用评级、登记管理、金融机构、外汇管理、税收等部门，从业务、技术、管理等层面共同搭建市场架构，并积极争取国家相关部门的支持。由政府部门牵头，引入市场经验丰富、实力雄厚的专业公司实体作为投资主体，建立公司制运营管理模式，在海关特殊监管区域建立融资租赁资产交易市场。

（二）分短期、中期、长期三个步骤逐步推进。短期以搭建交易平台，租赁资产上市公开交易为目标尽快实施；中期可借鉴国际、国内成熟交易经验，推进金融系租赁公司租赁资产交易；远期以租赁资产证券化为目标，通过证券化产品的结构性设计和公开发行，分享收益和分散风险。目前，应在现有政策制度下，快速搭建租赁资产信息发布平台，对接交易资产，形成无政策障碍的初级交易板块。

（三）在产品服务方面逐步深化，先期产品综合考虑租赁合同所涉及行业、资信等方面进行甄选，由单一产品逐步向组合产品过渡；持续创新业务模式，由以报价为主的交易模式逐步拓展到支持订单交易、协商交易等多种模式；建立分级清算体系，支持人民币、主流外币等多币种清算，寻求交易限额、结售汇上的开放政策，引入境外资金，开展多层次的资金管理。

（四）始终将风险管理放在核心地位，维护市场稳定，努力规范良好的市场环境，促进融资租赁市场的健康发展，同时，制定完善的信息披露标准，建立标准化的披露模板，增加信息的可获取性，加强基础资产等融资租赁交易的相关信息披露。

3．积极推动外汇资金集中管理和新型贸易政策试点工作。吸收借鉴全国已开展两项试点政策地区的经验，面向辖区主要银行召开了“政策通气会”，走访了多家业务量较大、有潜在政策需求的企业，传达试点地区实施两项政策的情况，分析了政策对新区的借鉴意义及对企业、银行自身的影响，为银企双方搭建沟通桥梁。将辖区需求向上级反馈，努力争取外汇资金集中管理和新型贸易试点政策在新区开展，为新区涉外经济发展注入新的活力。

4．多措并举创新服务机制。一是深化义务监督员机制，根据区域涉外经济特点和企业发展情况，将辖区融资租赁、商业保理等新型特色产业的重点企业纳入义务监督员范围，确保成员代表性和机制有效性，进一步发挥该机制信息收集和外部监督的双向作用。二是设立服务质量监督岗，对前台综合服务质量进行监督管理，从业务处理、服务行为、服务环境、服务设施、争议处理五方面入手，狠抓服务质量提升。三是增加服务渠道，提升服务效果，开通外汇业务网上预审渠道，开展对外业务流程“一机双显示”可视化建设，通过多种手段方便业务办理，提高审批效率。

专栏十五

滨海新区2013年涉外经济保持活跃

2013年，天津滨海新区（以下简称新区）涉外经济保持良好发展势头，外汇重点领域改革与创新不断深化，有力地推动了全市经济发展。

一、跨境收支稳步增长，涉外经济更加活跃

2013年，新区企业跨境收支总额[①]为1 155.2亿美元，同比增长35.8%，占全市的55.3%。其中，开发区、保税区、东疆保税港区企业跨境收支分别为438.5亿美元、257.1亿美元和98.8亿美元，各占新区总额的38.0%、22.3%和8.6%。

跨境收支子项目中，新区企业资本与金融项目净流入22.0亿美元，同比增加75.6%；投资资本金及外债结汇分别为11.6亿美元和7.9亿美元，同比分别增长40.9%和521.7%；转口贸易顺差13.2亿美元，同比大增264.8%，呈现加速流入的态势。另外，受大型外企快速发展带动，专有权利使用费和特许费支出金额达16.2亿美元，同比增长53.0%。直接投资收益汇出141.4亿美元，同比增长207.7%。

二、外汇扶持举措不断丰富，支持特色产业持续发展

作为滨海新区特色，融资租赁产业保持快速增长。2013年，融资租赁业新企业注册、借用外债资金规模等均居天津保税监管区域各行业首位，融资租赁产业跨境收支规模达86.7亿美元，同比增长1.3倍。为满足融资租赁产业的创新需求，外汇局塘沽中心支局不断丰富外汇支持措施，促成东疆保税港区完成国内首笔飞机联合租赁业务，单个租赁企业交易风险、资金占用规模有效降低。解决了融资租赁公司项目子公司使用其母公司外债额度借用外债问题，企业资金使用效率显著提高。新区融资租赁业在全国的领先地位不断巩固，融资租赁行业聚集中心的优势进一步增强。

三、创新驱动改革，持续注入活力

一是资本金意愿结汇改革继续深化。中新天津生态城和东疆保税港区在全国率先开展资本金意愿结汇试点，积累了资本金结汇改革事后监管措施和手段的宝贵经验。

---

① 数据口径为新区企业在天津及其他地区的全部跨境收支数据。

二是跨境人民币结算业务快速发展。2013年，在外债和直接投资项目业务发展的带动下，新区跨境人民币结算量进一步提升。2013年，滨海新区各类企业共办理跨境人民币结算570亿元，同比增长76.5%，占天津市的44.8%。自试点至2013年末，累计结算额突破千亿元，达1 196.3亿元，占天津市的49.3%。

三是新改革试点持续酝酿。吸收借鉴已开展外汇资金集中管理和新型贸易试点政策地区的经验，为银企搭建沟通桥梁，向上级反馈企业需求，努力争取政策在新区开展，为新区涉外经济发展注入新的活力。

5. 延伸外汇服务机构。在天津市分局、塘沽中心支局现有组织架构下，为满足区域银企需求，设立东疆办事处，进一步发挥外汇管理配套支持作用，派员进驻东疆保税港区办公，为企业提供贴心服务，支持重点区域发展。

五、统计数据

2013年天津市银行代客跨境收支汇总统计表

单位：万美元

项　目	金　额			累计同比 ±%		
	收入	支出	差额	收入	支出	差额
合计	7 798 617	10 362 853	−2 564 236	11.4	20.3	58.9
1. 经常账户	6 769 612	9 902 874	−3 133 262	9.1	19.8	51.8
1.1 货物和服务	6 623 762	8 269 120	−1 645 358	9.1	7.9	3.4
1.1.1 货物贸易	5 265 546	6 918 724	−1 653 179	−0.2	2.2	10.6
其中：一般货物	3 251 951	5 495 662	−2 243 711	28.4	11.9	−5.7
加工货物	1 970 536	1 413 156	557 381	−26.6	−22.7	−34.9
1.1.2 服务贸易	1 358 216	1 350 396	7 821	71.0	51.7	−108.2
1.1.2.1 与运输有关的服务	157 213	139 059	18 154	−16.2	−17.2	−8.0
1.1.2.2 旅游	4 093	165 035	−160 942	21.2	39.7	40.2
1.1.2.3 通信服务	94	286	−192	−49.6	−37.3	−28.7
1.1.2.4 建筑、安装及劳务承包服务	46 123	29 535	16 588	14.7	24.8	0.3
1.1.2.5 保险	2 204	1 474	730	58.7	26.4	228.3
1.1.2.6 金融服务	695	3 351	−2 657	971.6	66.7	36.5
1.1.2.7 计算机和信息服务	19 582	10 667	8 915	39.7	41.2	38.0
1.1.2.8 专有权利使用费和特许费	1 620	193 187	−191 568	25.5	22.0	22.0
1.1.2.9 体育、文化和娱乐服务	1 129	1 866	−737	917.8	65.5	−27.6
其中：电影音像	1 093	823	270	1 110.2	18.4	−144.7
1.1.2.10 别处未提及的政府服务	99	84	15	−58.2	116.6	−92.6
1.1.2.11 其他商业服务	1 125 366	805 852	319 513	106.2	96.7	134.8
其中：法律、会计、管理咨询和公共关系	22 047	25 410	−3 363	45.8	−4.9	−71.0
广告、展览、市场调研	19 538	4 833	14 705	−0.9	−7.6	1.5
1.2 收益	37 954	1 573 140	−1 535 186	33.6	179.0	186.7
1.2.1 职工报酬	16 157	3 709	12 448	5.5	8.9	4.5
1.2.2 投资收益	21 796	1 569 431	−1 547 634	66.5	180.0	182.7
1.2.2.1 直接投资收益	14 613	1 523 026	−1 508 413	32.1	178.3	181.3
1.2.2.2 证券投资收益	1 765	31 012	−29 248	−12.4	459.2	728.3
1.2.2.3 其他投资收益	5 419	15 393	−9 974	39 975.4	99.7	29.6
1.3 经常转移	107 897	60 614	47 282	1.0	37.7	−24.7
其中：捐赠及无偿援助	16 411	45 106	−28 695	−21.0	55.8	251.1
国外支付的赔偿	6 064	3 284	2 780	38.0	197.1	−15.5
其他	1 925	205	1 720	119.8	−40.0	222.2

续表

项　目	金　额			累计同比 ±%		
	收入	支出	差额	收入	支出	差额
2. 资本和金融账户	1 029 004	459 979	569 026	29.2	32.9	26.3
2.1 资本账户	132	189	−57	−72.8	−95.8	−98.6
2.1.1 资本转移	52	172	−120	−64.2	−95.8	−96.9
2.1.2 非生产、非金融资产的收买 / 放弃	81	17	63	−76.4	−96.0	−170.1
2.2 金融账户	1 028 872	459 789	569 083	29.3	34.6	25.2
2.2.1 直接投资	693 690	353 146	340 545	7.4	29.8	−9.0
2.2.1.1 我国对境外直接投资	66 094	95 541	−29 447	220.1	−50.5	−82.9
2.2.1.2 外国来华直接投资	627 596	257 605	369 991	0.3	225.8	−32.3
2.2.2 证券投资	965	2 612	−1 647	−8.8	922.0	−305.5
2.2.2.1 资产	809	259	550	−17.5	3 881.3	−43.5
2.2.2.2 负债	155	2 353	−2 198	103.1	844.8	1 173.6
2.2.3 金融衍生工具	141	0	141	−81.2	−100.0	−81.2
2.2.3.1 资产	141	0	141	−81.2	−100.0	−81.2
2.2.3.2 负债	0	0	0	/0	/0	/0
2.2.4 其他投资	334 076	104 032	230 044	125.8	50.4	192.0
2.2.4.1 资产	2 703	3 832	−1 129	−41.1	727.4	−127.4
2.2.4.2 负债	331 372	100 200	231 173	131.1	45.8	209.7

注：/0 表示上年同期为零。
数据来源：外汇金宏系统统计分析与辅助决策子系统。

2013 年滨海新区银行代客跨境收支汇总统计表

单位：万美元

项　目	金　额			累计同比 ±%		
	收入	支出	差额	收入	支出	差额
合计	1 758 244	3 745 147	−1 986 903	10.8	25.2	41.3
1. 经常账户	1 420 460	3 501 594	−2 081 133	11.7	22.2	30.5
1.1 货物和服务	1 360 941	2 100 665	−739 725	11.9	−14.4	−40.2
1.1.1 货物贸易	983 961	1 850 904	−866 944	0.0	−16.5	−29.7
其中：一般货物	472 123	1 470 500	−998 377	3.6	−4.2	−7.5
加工货物	472 423	378 641	93 782	0.0	−44.1	−145.9
1.1.2 服务贸易	376 980	249 761	127 219	62.5	5.3	−2 482.3
1.1.2.1 与运输有关的服务	47 812	31 011	16 801	−13.4	−35.0	124.2
1.1.2.2 旅游	711	22 066	−21 355	7.5	45.2	46.9

续表

项　目	金　额			累计同比 ±%		
	收入	支出	差额	收入	支出	差额
1.1.2.3 通信服务	4	70	−66	−95.1	−47.7	38.0
1.1.2.4 建筑、安装及劳务承包服务	38 533	21 376	17 157	32.1	−0.1	120.7
1.1.2.5 保险	19	617	−598	42.5	32.8	32.5
1.1.2.6 金融服务	3	1 599	−1 595	−22.6	432.4	438.9
1.1.2.7 计算机和信息服务	2 534	4 606	−2 072	40.8	23.2	6.9
1.1.2.8 专有权利使用费和特许费	775	19 675	−18 900	4.1	−63.3	−64.2
1.1.2.9 体育、文化和娱乐服务	66	999	−933	100.5	201.2	212.4
其中：电影音像	66	219	−153	185.1	199.9	206.8
1.1.2.10 别处未提及的政府服务	0	11	−11	/0	278.2	278.2
1.1.2.11 其他商业服务	286 523	147 731	138 792	98.7	56.4	178.9
其中：法律、会计、管理咨询和公共关系	4 322	7 709	−3 387	2.5	33.6	118.2
广告、展览、市场调研	4 288	1 818	2 470	17.9	47.5	1 319.7
1.2 收益	9 351	1 393 497	−1 384 147	−30.0	242.3	251.5
1.2.1 职工报酬	2 127	1 086	1 041	−7.0	31.3	−28.7
1.2.2 投资收益	7 224	1 392 412	−1 385 187	−34.8	242.7	250.5
1.2.2.1 直接投资收益	626	1 376 936	−1 376 310	−93.2	244.3	252.3
1.2.2.2 证券投资收益	1 181	9 881	−8 700	−36.4	141.8	290.3
1.2.2.3 其他投资收益	5 418	5 595	−177	45 636.2	140.2	−92.4
1.3 经常转移	50 169	7 431	42 738	17.0	27.3	15.4
其中：捐赠及无偿援助	2 322	2 080	243	5.6	108.6	−79.8
国外支付的赔偿	2 214	307	1 907	138.9	−34.8	318.6
其他	1 540	3	1 537	180.9	−16.3	182.2
2. 资本和金融账户	337 784	243 553	94 231	7.4	93.0	−50.0
2.1 资本账户	81	13	68	21.6	/0	1.8
2.1.1 资本转移	0	0	0	−100.0	/0	−100.0
2.1.2 非生产、非金融资产的收买 / 放弃	81	13	68	21.6	/0	1.8
2.2 金融账户	337 703	243 540	94 163	7.4	92.9	−50.0
2.2.1 直接投资	207 647	213 069	−5 422	−20.7	110.1	−103.4
2.2.1.1 我国对境外直接投资	41 456	21 723	19 733	716.9	−69.0	−130.4
2.2.1.2 外国来华直接投资	166 190	191 346	−25 155	−35.3	508.2	−111.2
2.2.2 证券投资	0	258	−258	/0	/0	/0

续表

项　目	金　额			累计同比 ±%		
	收入	支出	差额	收入	支出	差额
2.2.2.1 资产	0	258	−258	/0	/0	/0
2.2.2.2 负债	0	0	0	/0	/0	/0
2.2.3 金融衍生工具	7	0	7	/0	−100.0	-13 195.2
2.2.3.1 资产	7	0	7	/0	−100.0	-13 195.2
2.2.3.2 负债	0	0	0	/0	/0	/0
2.2.4 其他投资	130 050	30 213	99 836	146.7	21.8	257.6
2.2.4.1 资产	2 482	573	1 909	39.9	1 033.7	10.8
2.2.4.2 负债	127 568	29 640	97 927	150.4	19.8	273.8

注：/0 表示上年同期为零。
数据来源：外汇金宏系统统计分析与辅助决策子系统。

2013 年天津市金融机构本外币信贷收支表

单位：亿元

资金来源项目	本期余额	比年初增减额		资金运用项目	本期余额	比年初增减额	
		今年	去年			今年	去年
一、各项存款	23 316.6	2 976.7	2 725.6	一、各项贷款	20 857.8	2 427.3	2 466.3
1. 单位存款	14 063.1	1 918.2	1 649.5	（一）境内贷款	20 761.2	2 415.0	2 443.0
其中：活期存款	5 910.9	531.1	477.6	1. 短期贷款	6 251.0	1 096.6	950.2
定期存款	2 882.8	725.0	687.2	（1）个人贷款及透支	418.9	147.6	82.5
通知存款	361.9	−266.4	325.3	其中：个人消费贷款	92.5	23.8	21.0
保证金存款	2 432.6	330.4	230.8	（2）单位普通贷款及透支	4 571.7	676.9	496.8
2. 个人存款	8 249.0	914.4	998.7	其中：经营贷款	4 527.1	689.5	550.9
储蓄存款	7 695.8	575.3	941.2	固定资产贷款	31.7	−14.8	−58.1
保证金存款	23.8	15.4	5.0	（3）普通并购贷款			−1.9
结构性存款	529.4	323.7	52.4	（4）银团贷款	3.6	1.1	−20.4
3. 财政性存款	395.5	124.4	−18.8	（5）贸易融资	1 256.9	271.0	393.4
4. 临时性存款	28.9	−14.2	10.8	（6）境外筹资转贷款			
5. 委托存款	54.9	21.0	−16.1	2. 中长期贷款	11 618.0	911.7	787.4
6. 其他存款	525.2	12.9	101.6	（1）个人贷款	2 063.8	329.1	178.1
二、金融债券	67.9	25.2	27.2	其中：个人消费贷款	1 907.1	316.4	167.8
三、中长期借款	359.0	175.1	70.1	（2）单位普通贷款	7 937.2	338.3	352.8
四、应付及暂收款	772.6	131.7	52.9	其中：经营贷款	1 019.0	−25.7	−118.4
其中：应付利息	307.0	89.7	66.6	固定资产贷款	6 918.2	364.0	471.2

续表

资金来源项目	本期余额	比年初增减额		资金运用项目	本期余额	比年初增减额	
		今年	去年			今年	去年
五、同业往来（来源方）	512.9	376.6	−11.2	(3) 普通并购贷款	43.9	−0.4	10.9
六、系统内资金往来（来源方）				(4) 银团贷款	1 497.0	238.7	199.4
七、外汇买卖（来源方）	2 351.5	1 817.7	978.5	(5) 贸易融资	61.0	7.3	46.9
其中：结售汇	2 312.9	1 781.1	973.5	(6) 境外筹资转贷款	15.1	−1.3	−0.8
八、各项准备	408.4	50.5	53.0	3. 融资租赁	2 121.6	469.7	395.4
其中：贷款损失准备金	391.8	43.6	52.7	4. 票据融资	757.9	−67.1	306.5
九、所有者权益	1 242.8	258.8	221.4	其中：贴现	752.9	−72.1	306.5
其中：实收资本	448.6	53.2	47.1	5. 各项垫款	12.7	4.1	3.5
十、其他	−1 852.2	−1 612.8	1 153.2	(二) 境外贷款	96.6	12.2	23.3
				二、有价证券	648.4	−27.4	66.7
				三、股权及其他投资	900.1	737.3	94.7
				四、应收及预付款	1 013.5	96.2	231.6
				其中：应收利息	101.1	11.6	15.0
				五、同业往来（运用方）	390.9	169.1	180.3
				六、系统内资金往来（运用方）	577.4	−1 087.4	1 171.8
				七、金银占款			
				八、外汇买卖（运用方）	2 353.3	1 820.7	978.0
				其中：结售汇	2 314.5	1 783.8	973.1
				九、固定资产	337.0	59.5	75.2
				十、库存现金	98.7	3.7	6.3
				十一、投资性房地产	2.2	0.4	0.0
资金来源总计	27 179.4	4 199.4	5 270.8	资金运用总计	27 179.4	4 199.4	5 270.8

注：本表机构范围为中外资金融机构，包括政策性银行、国有商业银行、邮政储蓄银行、股份制商业银行、城市商业银行、农村信用社、农村商业银行、农村合作银行、村镇银行、信托投资公司、财务公司、金融租赁公司、外资银行。
数据来源：天津市金融统计月报。

2013年滨海新区金融机构本外币信贷收支表

单位：亿元

资金来源项目	本期余额	比年初增减额		资金运用项目	本期余额	比年初增减额	
		今年	去年			今年	去年
一、各项存款	4 699.0	434.3	560.4	一、各项贷款	6 425.3	846.6	113.4
1. 单位存款	3 377.7	323.5	424.8	(一) 境内贷款	6 424.3	846.3	113.5
其中：活期存款	1 352.2	63.5	90.8	1. 短期贷款	1 718.4	386.2	192.8

续表

资金来源项目	本期余额	比年初增减额		资金运用项目	本期余额	比年初增减额	
		今年	去年			今年	去年
定期存款	650.1	237.2	-22.4	(1) 个人贷款及透支	67.7	28.7	19.3
通知存款	158.0	-279.6	278.2	其中：个人消费贷款	15.1	5.4	5.9
保证金存款	527.8	22.8	119.4	(2) 单位普通贷款及透支	1 281.9	212.8	128.0
2. 个人存款	1 410.2	147.8	168.1	其中：经营贷款	1 278.8	215.3	130.8
储蓄存款	1 325.7	92.0	151.4	固定资产贷款	0.4	-3.0	-1.8
保证金存款	2.2	1.1	0.6	(3) 普通并购贷款	0.0	0.0	0.0
结构性存款	82.2	54.6	16.1	(4) 银团贷款	0.0	0.0	-0.4
3. 财政性存款	-117.0	-15.9	-47.2	(5) 贸易融资	368.9	144.7	45.9
4. 临时性存款	5.0	-12.0	8.4	(6) 境外筹资转贷款	0.0	0.0	0.0
5. 委托存款	7.0	3.2	0.1	2. 中长期贷款	2 533.9	36.6	-90.2
6. 其他存款	16.1	-12.4	6.2	(1) 个人贷款	320.9	57.4	21.3
二、金融债券	25.0	25.0	0.0	其中：个人消费贷款	270.2	40.3	16.7
三、中长期借款	357.9	174.6	-0.2	(2) 单位普通贷款	1 902.3	-32.2	-160.7
四、应付及暂收款	282.6	29.8	-10.6	其中：经营贷款	176.8	-33.3	-156.6
其中：应付利息	58.2	15.3	7.8	固定资产贷款	1 725.5	1.2	-4.2
五、同业往来（来源方）	59.0	31.1	-15.3	(3) 普通并购贷款	11.6	2.4	-0.4
六、系统内资金往来（来源方）	0.0	0.0	-171.8	(4) 银团贷款	271.6	15.1	28.5
七、外汇买卖（来源方）	326.3	192.4	125.2	(5) 贸易融资	17.3	-4.6	21.6
其中：结售汇	326.1	192.3	125.2	(6) 境外筹资转贷款	10.2	-1.5	-0.4
八、各项准备	112.2	30.5	3.8	3. 融资租赁	2 121.5	470.0	0.9
其中：贷款损失准备金	109.7	30.4	4.6	4. 票据融资	49.1	-47.3	10.1
九、所有者权益	530.8	123.0	31.9	其中：贴现	49.1	-47.3	10.1
其中：实收资本	277.6	44.6	4.2	5. 各项垫款	1.4	0.8	-0.1
十、其他	1 541.6	-59.3	-3.6	(二) 境外贷款	0.9	0.3	0.0
				二、有价证券	78.8	8.7	34.6
				三、股权及其他投资	155.0	69.0	25.0
				四、应收及预付款	725.8	-23.6	-29.7
				其中：应收利息	17.6	2.8	-0.9
				五、同业往来（运用方）	38.3	-6.2	24.9
				六、系统内资金往来（运用方）	59.4	-140.7	221.2
				七、金银占款	0.0	0.0	0.0

续表

资金来源项目	本期余额	比年初增减额		资金运用项目	本期余额	比年初增减额	
		今年	去年			今年	去年
				八、外汇买卖（运用方）	325.4	191.7	125.2
				其中：结售汇	325.2	191.6	125.2
				九、固定资产	109.9	36.1	3.7
				十、库存现金	16.6	−0.2	1.5
				十一、投资性房地产	0.0	0.0	0.0
资金来源总计	7 934.5	981.4	519.8	资金运用总计	7 934.5	981.4	519.8

注：本表机构范围为中外资金融机构，包括政策性银行、国有商业银行、邮政储蓄银行、股份制商业银行、城市商业银行、农村信用社、农村商业银行、农村合作银行、村镇银行、信托投资公司、财务公司、金融租赁公司、外资银行。
数据来源：天津市金融统计月报。

2013 年天津市外贸进出口变动情况

单位：亿美元

	进出口	出口	进口	差额
1 月	90.8	36.6	54.1	−17.5
2 月	82.6	34.9	47.6	−12.7
3 月	107.9	39.0	68.9	−29.9
4 月	106.2	40.1	66.1	−26.0
5 月	118.4	49.0	69.4	−20.4
6 月	104.2	39.4	64.8	−25.4
7 月	114.3	41.8	72.6	−30.8
8 月	118.4	43.0	75.5	−32.5
9 月	116.6	42.4	74.2	−31.8
10 月	109.2	42.0	67.2	−25.2
11 月	110.9	44.5	66.4	−21.9
12 月	106.8	38.6	68.2	−29.6

数据来源：天津海关统计月报。

2013 年天津市主要经济指标

主要经济指标	绝对额	同比±%	主要经济指标	绝对额	同比±%
一、地区生产总值（亿元）	14 370.2	12.5	四、社会消费品零售总额（亿元）	4 470.4	14.0
1. 第一产业	188.5	3.7	五、外贸进出口总额（亿美元）	1 285.3	11.2
2. 第二产业	7 276.7	12.7	其中：进口总额	795.0	18.1
其中：工业	6 678.6	12.8	出口总额	490.3	1.5

续表

主要经济指标	绝对额	同比±%	主要经济指标	绝对额	同比±%
建筑业	598.1	11.4	六、直接利用外资合同金额（亿美元）	207.3	11.6
3. 第三产业	6 905.0	12.5	其中：实际直接利用外资	168.3	12.1
其中：交通运输、仓储和邮政业	725.1	10.0	七、地方一般预算收入（亿元）	2 078.3	18.1
批发和零售业	1 902.5	11.2	八、地方一般预算支出（亿元）	2 506.2	18.7
住宿和餐饮业	241.3	3.8	九、从业人员期末人数（万人）	293.1	7.9
金融业	1 202.0	18.3	十、从业人员工资总额（亿元）	1 920.1	16.1
房地产业	519.4	11.9	十一、新增就业人数（万人）	48.6	2.8
其他服务业	2 314.7	12.7	十二、城市居民人均可支配收入（元／人）	32 658	10.2
二、规模以上工业增加值（亿元）	—	13.0	十三、农村居民人均可支配收入（元／人）	15 405	13.5
三、全社会固定资产投资（亿元）	10 121.2	14.1	十四、城市居民消费价格指数	103.1	—
1. 房地产开发投资	1 480.8	17.5	十五、城市商品零售价格指数	101.7	—
2. 房屋施工面积（万平方米）	19 987.9	13.3	十六、工业生产者出厂价格指数	97.0	—
其中：住宅	8 482.5	12.2	十七、新建住宅销售价格指数（当月）	107.4	—
3. 房屋竣工面积（万平方米）	3 978.8	14.5	其中：商品住宅（当月）	108.3	—
其中：住宅	2 185.3	10.1	二手住宅销售价格指数（当月）	105.1	—
4. 商品房销售额（亿元）	1 615.5	18.3			
5. 商品房销售面积（万平方米）	1 847.1	11.2			

注：1. 根据国家规定，自2011年起规模以上工业统计口径范围由年主营业务收入在500万元及以上的工业企业调整为年主营业务收入在2 000万元及以上工业企业。

2. 根据国家规定，自2011年起全社会固定资产投资统计口径范围由50万元以上项目调整为500万元以上项目。

数据来源：天津市统计局。

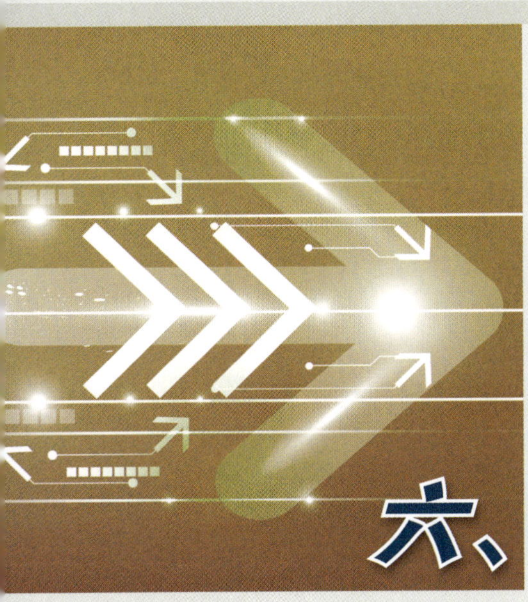

六、2013年天津市分局大事记

1月，总局易纲局长一行就外汇管理改革有关情况来天津调研，市常务副市长崔津渡出席调研座谈会。会上，易纲局长听取了银企对货物贸易改革的意见、建议以及下一步改革需求。分局林铁钢局长介绍了天津市货物贸易外汇管理制度改革进展情况。

1月，总局综合司刘薇司长就如何修订完善《保税监管区域外汇管理办法》来天津调研，对特殊经济区域未来政策如何进行调整进行讨论。

1月，分局领导参加中国人民银行工作会议暨全国外汇管理工作会议，分局围绕总局工作重点和分行中心工作，制定了《天津市分局2013年外汇管理工作要点》印发分局各处及塘沽中心支局。

1月，为确保服务贸易外汇管理制度改革顺利实施，分局与市商委签订了服务贸易管理与服务合作协议，就加强双方服务贸易及服务外包工作开展战略合作。

2月，经报请总局批准，天津渤海通汇货币兑换有限公司获准开办Access Prepaid外币电子旅行支票代售业务，同年8月，批准其新增代售香港电子旅支产品，上述业务均为全国首例。

3月，按照总局考核办法，完成天津市银行执行外汇管理规定情况考核，并上报总局。

4月，天津市外商投资企业资本金结汇非现场监管系统二期升级。

4月，按照总局部署，完成首个天津市区域外汇收支运行报告，并上报总局。

5月，按照总局电视电话会议部署，分局召开会议，组织落实防范异常跨境资金流入工作，分行党委委员、副行长刘通午出席会议并提出工作要求。

5月，总局个人外汇管理系统改造需求专项封闭会议在天津召开。

5月，经报请总局批准，天津信唐货币经纪公司获准开办人民币外汇远期、外汇掉期和货币掉期经纪业务。

5月，批准印度国家银行天津分行经营即期结售汇业务。

6月，林铁钢局长陪同总行领导出席天津市融洽会滨海金融论坛。

6月，总局货物贸易外汇监测系统需求研究和写作封闭会议在天津召开。

6月，批准廊坊银行天津分行经营即期结售汇业务。

8月，分局举办“服务贸易外汇管理制度改革培训会”，总局邓先宏副局长、天津分行刘通午副行长出席并讲话。

8月，向总局申请将外商投资企业资本金结汇改革试点范围扩大至整个滨海新区。

9月，完成天津市辖内法人银行资本项目信息系统接口程序升级验收工作。

10月，分局举办“2013年外汇管理政策培训会”，邀请总局管检司王允贵司长授课，天津分行刘通午副行长出席并讲话。

10月，分局召开天津市国际收支业务研讨会，总局国际收支司管涛司长出席会议，并就当前外汇形势及国际收支工作要点展开讨论。

10月，圆满完成天津市银行外汇从业人员在线学习考试系统推广工作。制定了《天津市银行外汇从业人员在线学习考试系统管理办法》、《考试题库维护管理办法》等制度，全市56家外汇指定银行近900名外汇从业人员参加了考试。

10月，对塘沽中心支局开展了货物贸易管理绩效审计，取得了良好效果。

11月，作为全国首家外汇检查分析应用系统运行试点分局，总局管检司和总局监测中心领导来天津分局，布置有关测试与试运行工作。

12月，分局批准吉迈斯（天津）货币兑换有限公司筹备开办个人本外币兑换特许业务。

12月，完成总局2013年度重点研究课题《特殊经济区域与自由贸易试验区发展研究》，并获总局重点研究课题优秀奖。